JUMP COMICS

NARUTO
—ナルト—

巻ノ五 挑戦者《ちょうせんしゃ》たち!!

岸本斉史

主《おも》な登《とう》場《じょう》人《じん》物《ぶつ》

前巻《ぜんかん》までのあらすじ

木《こ》ノ葉隠《はがく》れの里《さと》、忍術学校《にんじゅつがっこう》の問題児《もんだいじ》だったナルトはサスケ、サクラとともに晴《は》れて忍《にん》者《じゃ》の仲間《なかま》入《い》りを果《は》たした。

下忍《げにん》（見習《みなら》い忍者《にんじゃ》）になったナルトたちは橋作《はしづく》りの名人《めいじん》、タズナの護衛《ごえい》にあたる。タズナを狙《ねら》う抜《ぬ》け忍《にん》、再不斬《ザブザ》と白《ハク》との死闘《しとう》の中《なか》で何《なに》かをつかみとったナルトたちは無事《ぶじ》、任務《にんむ》を遂行《すいこう》し、木《こ》ノ葉《は》の里《さと》に戻《もど》った…。

里《さと》に戻《もど》ったナルトたちの前《まえ》に他国《たこく》の下忍《げにん》グループが現《あら》われた！ 中忍選抜試験《ちゅうにんせんばつしけん》をひかえ、里《さと》には次々《つぎつぎ》と下忍《げにん》たちが集《あつ》まっていた。

カカシはナルトたちを試験《しけん》に推薦《すいせん》。期《き》待《たい》と不安《ふあん》を胸《むね》に試験場《しけんじょう》へ向《む》かった3人《にん》だが、曲者《くせもの》ぞろいの試験《しけん》は開始前《かいしまえ》から大波乱《だいはらん》…!!

NARUTO
ーナルトー

巻ノ五

挑戦者《ちようせんしゃ》たち!!

もくじ

37《ナンバー》：最悪《さいあく》の相性《あいしょう》…!!

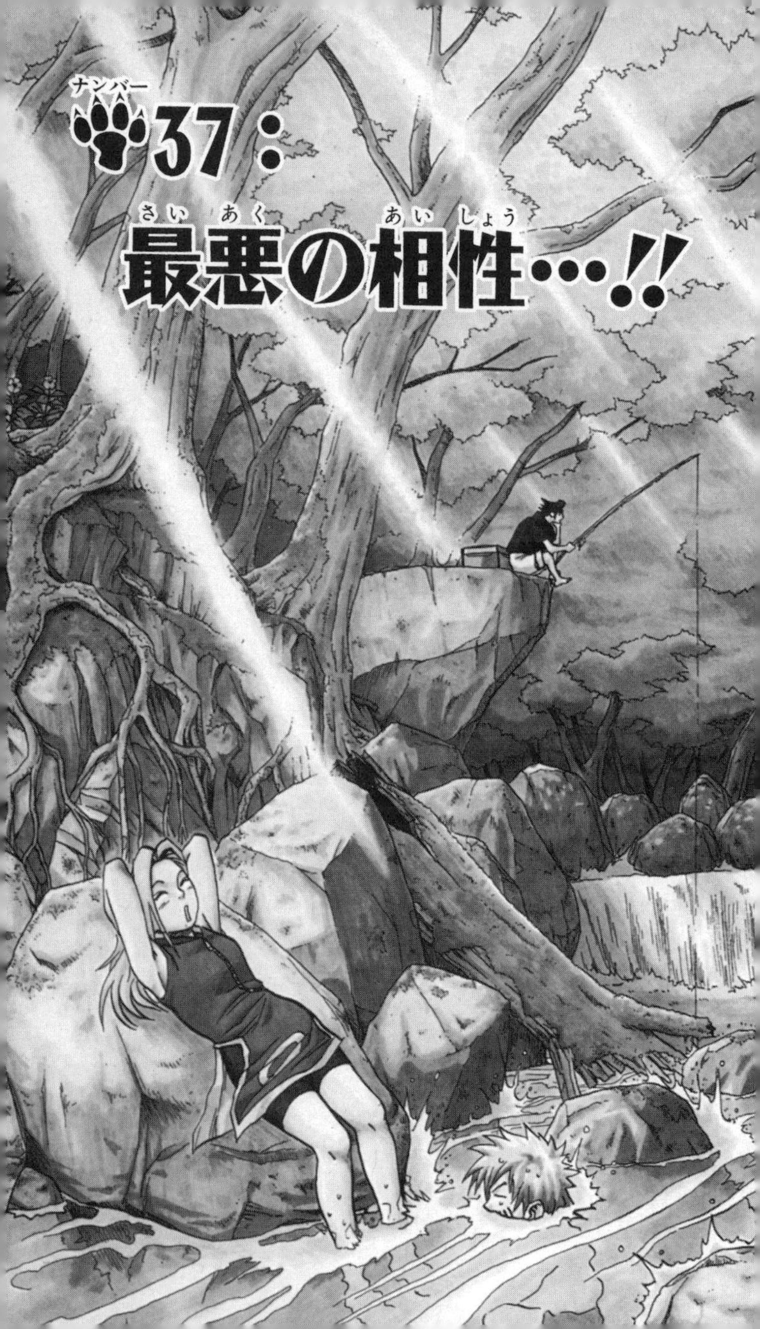
🐾《ナンバー》37：
最悪《さいあく》の相性《あいしょう》…!!

ボクの名《な》はロック・リー
人《ひと》に名《な》をたずねる時《とき》は自分《じぶん》から名乗《なの》るもんでしたよね
うちはサスケ君《くん》…
フン……知《し》ってたのか
ザッ
君《きみ》と闘《たたか》いたい！
あの天才忍者《てんさいにんじゃ》とうたわれた一族《いちぞく》の末裔《まつえい》に…
ボクの技《わざ》がどこまで通用《つうよう》するのか試《ため》したい…
それに…
ポッ

!
じーー
パチ
イヤーー!!
あの下《した》まつ毛《げ》がイヤーー!!!
………
髪型《かみがた》もイヤ…
眉毛《マユゲ》もゲジゲジ…
……
プル
プル
フッ
チュ!
天使《てんし》だ君《きみ》は!!
ザッ!!
!!!
キャーー!!
ゴン
ピタ
マ…マジ危《あぶ》ねエ…
ハア
ピク
ハア
ヒリ
ヒリ
ピク

またまたサスケじゃん!!くっそ――!!くっそ――!!
アンタ 変《へん》なモン投《な》げんじゃないわよ!
なんか命《いのち》がけでよけちゃったじゃない!!
そんなにイヤがらなくても…
"うちは"の名《な》を知《し》って挑《いど》んでくるなんてな
はっきり言《い》って無知《むち》な輩《やから》だな……お前《まえ》
しゃーんなろー!!
この名《な》がどんなもんか……
思《おも》い知《し》るかゲジマユ
是非《ぜひ》!
ゾク
ゾク
…ついてる
No.1《ナンバーワン》ルーキーとさっそく手合《てあ》わせできるなんてな
そして証明《しょうめい》してやりますガイ・先生《せんせい》!!
待《ま》て

ゲジマユはオレがやるってばよ!
5分《ふん》もあれば片《かた》づく!
ボクが闘《たたか》いたいのは君《きみ》じゃない
・・・うちはです
どいつもこいつもサスケサスケってうるせ──ってばよ!!
ダッ
ダダッ
スッ・・・

フッ
!!
ぐっ
ダッ

木《こ》ノ葉《は》烈《れっ》風《ぷう》!!!
うわア!!
ゴロゴロゴロ
ズドーン
ズッ

宣言《せんげん》します
君達《きみたち》は ボクに 絶対《ぜったい》 敵《かな》いません
やっぱ こいつ ……強《つよ》い……!
なぜなら
う〜〜〜っ
今《いま》 ボクは 木《こ》ノ葉《は》の下忍《げにん》で 一番強《ばんつよ》いですからね
こいつ オレの 蹴《け》りを腕《うで》で止《と》めやがった
……あれは人間技《にんげんわざ》じゃない どんな忍術《にんじゅつ》を使《つか》ったか 知《し》らねーが…
面白《おもしろ》い やってやる

!
あ!
やめて
サスケ君《くん》!
受付《うけつけ》の4時《じ》までに
あと30分《ぷん》もない
のよ…
5分《ふん》で
終《お》わる…
サスケ君《くん》!!
来《き》た!!
……ごめんなさい
ガイ先生《せんせい》…
禁《きん》を破《やぶ》ることに
なるかもしれません
あの技《わざ》を
使《つか》うことになるかも…!

!!!
ザザザッ…
木《こ》ノ葉《は》旋《せん》風《ぷう》!!
上《うえ》!!
ザッ!!
!!
ザッ
くっ
よけきれ
ねエ…
ガードだ!
ザッ

!!
スッ
何《なに》…!?
ドカ
サスケ君《くん》!!!
ドサッ
ど…どういうことだ……?
今《いま》…確《たし》かにガードしたハズなのに…
ぐっ…
ガードをすりぬけやがった…!?
何《なん》だ… 忍術《にんじゅつ》か… それとも 幻術《げんじゅつ》…!?

ゾク
やはり立《た》ってきますか！
フ…まあいい
ムク‥
こうなったら・・アレを使《つか》い慣《な》らしとくいいチャンスだ
！
！
えっ!?
!!
ま…まさかコレって…
写輪眼《しゃりんがん》!!

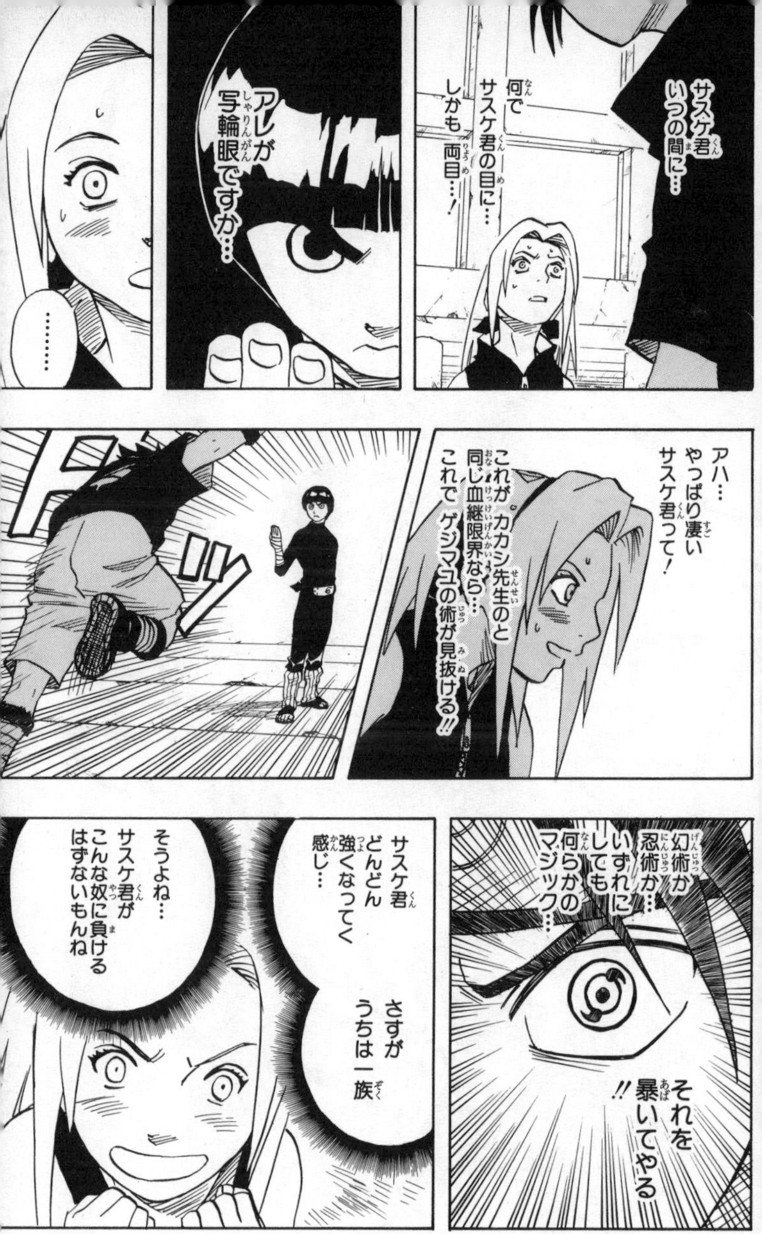
サスケ君《くん》いつの間《ま》に…
何《なん》でサスケ君《くん》の目《め》に…しかも 両目《りょうめ》…!
アレが写輪眼《しゃりんがん》ですか…
………
アハ…やっぱりサスケ君《くん》って凄《すご》い!
これが カカシ先生《せんせい》のと同《おな》じ血継限界《けっけいげんかい》なら…これで ゲジマユの術《じゅつ》が見抜《みぬ》ける!!
幻術《げんじゅつ》か忍術《にんじゅつ》か…いずれにしても何《なん》らかのマジック…
それを暴《あば》いてやる!!
サスケ君《くん》どんどん強《つよ》くなってく感《かん》じ…
さすがうちは一族《ぞく》
そうよね…サスケ君《くん》がこんな奴《やつ》に負《ま》けるはずないもんね

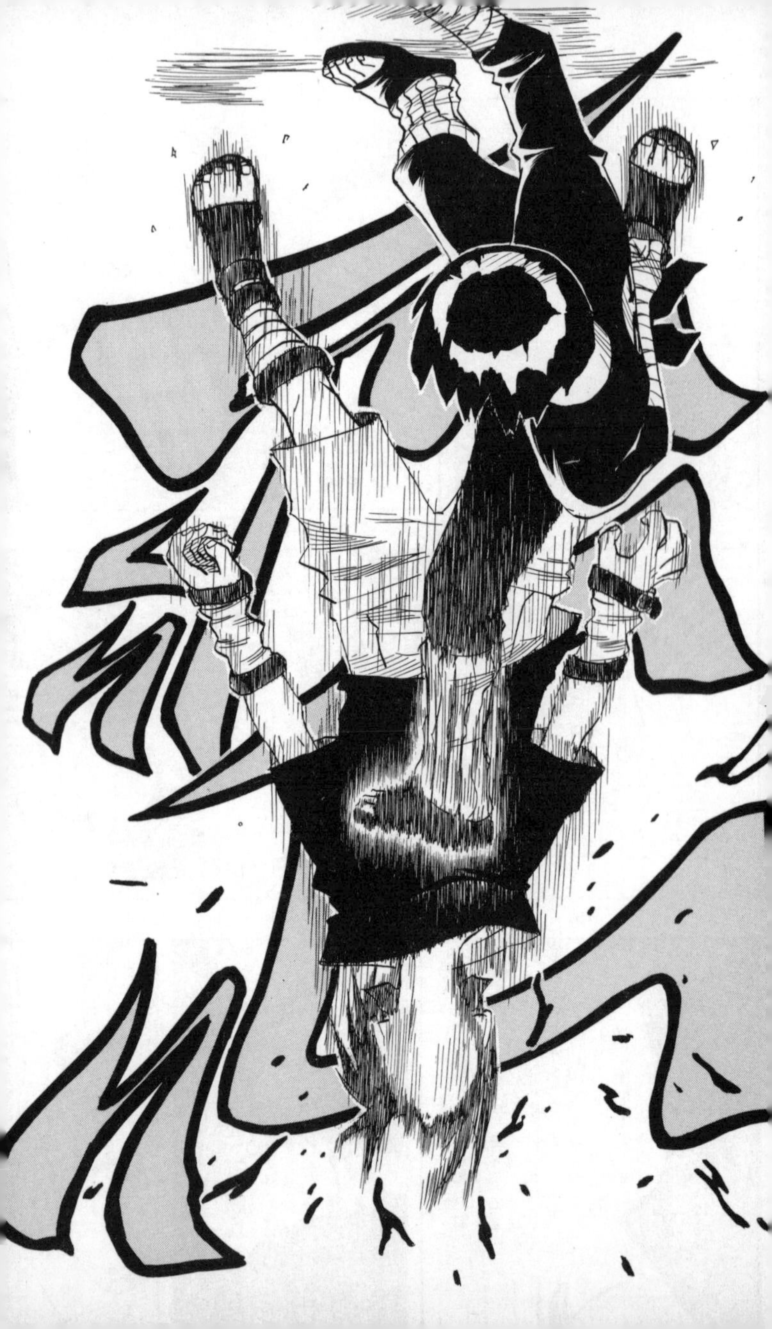

※木《こ》ノ葉《は》流体術《りゅうたいじゅつ》の一《ひと》つ。敵《てき》を木《こ》の葉《は》に見立《みた》て、その影《かげ》を舞《ま》うかの如《ごと》く動《うご》き、追跡《ついせき》する術《じゅつ》。

そう！ボクの技《わざ》は 単《たん》なる・・体術《たいじゅつ》ですよ……サスケ君《くん》
にわかには信《しん》じられないかもしれませんが…
写輪眼《しゃりんがん》には幻《げん》・体《たい》・忍術《にんじゅつ》の全《すべ》てを見通《みとお》す能力《のうりょく》があるといわれます
確《たし》かに印《いん》を結《むす》びチャクラを練《ね》るという法則性《ほうそくせい》が必要《ひつよう》な 忍術《にんじゅつ》や幻術《げんじゅつ》は見破《みやぶ》って 確実《かくじつ》に対処《たいしょ》できるでしょう
しかし体術《たいじゅつ》だけはちょっと違《ちが》うんですよ…
ど…どういうことだ!?
パラ
たとえ 写輪眼《しゃりんがん》でボクの動《うご》きを見切《みき》っても君《きみ》の体《からだ》はボクの体術《たいじゅつ》に反応《はんのう》できるスピードを備《そな》えていない…
つまり目《め》で分《わ》かっていても体《からだ》が動《うご》かないんじゃどうしようもないワケです

知《し》っていますか?
強《つよ》い奴《やつ》には　天才型《てんさいがた》と
努力型《どりょくがた》がいます
君《きみ》の写輪眼《しゃりんがん》が
うちはの血《ち》を引《ひ》く
天才型《てんさいがた》なら…
ボクは　ただ
ひたすらに体術《たいじゅつ》
だけを極《きわ》めた
努力型《どりょくがた》です
言《い》ってみれば
君《きみ》の写輪眼《しゃりんがん》と
ボクの究極《きゅうきょく》の体術《たいじゅつ》は
最悪《さいあく》の相性《あいしょう》…
そして
この技《わざ》で
証明《しょうめい》しましょう
努力《どりょく》が
天才《てんさい》を上回《うわまわ》る
ことを
何《なに》をする気《き》だ…!?
え?
!!
ガ
アレは!!
ガクン
!!
そこまでだ
リー
ド

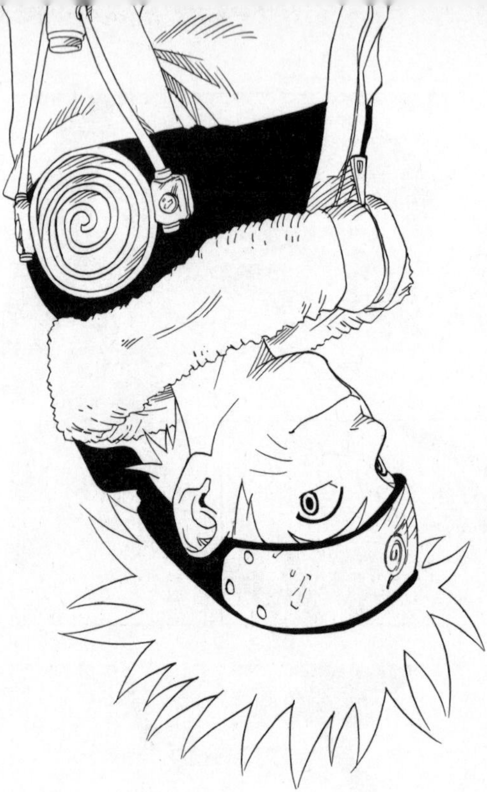

🐾《ナンバー》38：START《スタート》…!!
ググッ
そこまでだ リー！

くっ
な…
何《なん》だ…
どうした?
くるん
くるん
サスケ君《くん》!!!
ダッ

キャ!!
スタッ
……サスケがやられた!?
…………
オレが気絶《きぜつ》してる間《あいだ》に何《なに》があったんだってばよ……
大丈夫《だいじょうぶ》!? サスケ君《くん》!!
動揺《どうよう》してる…サスケ君《くん》が受《う》け身《み》もとれないなんて……!
み…見《み》てらしたんですか…
リー! 今《いま》の技《わざ》は禁《きん》じ手《て》であろうが!
な…なんだあの亀《カメ》…
す…すみませんつい…
な…なんかしかられてる…
ポン
もしかして…あれってば…

キッ
ビク
ゲジマユの
先生《せんせい》!!?
あせあせ
し…
しかし
もちろんボクは
"裏《うら》"の技《わざ》の方《ほう》を
使《つか》う気《き》は
これっぽっちも…
間違《まちが》いないってばよ!!
?
タッ
タッ
なーなー
!
なによ…?
!
アレってば
………
亀《カメ》だよ
なぁ…?
な!?

そんなの見《み》たら分《わ》かるじゃない!!
あのさ!あのさ!亀《カメ》でも忍者《にんじゃ》の先生《せんせい》になれんの?
そんなの知《し》らないわよ!
……
ノソノソ
馬鹿《ばか》め!!
そんな言《い》い逃《のが》れが通用《つうよう》すると思《おも》うか!
忍《しのび》が己《おのれ》の技《わざ》を明《あ》かすということはどういうことかお前《まえ》もよく知《し》っているハズじゃ…
ノソノソ
オ…押《お》忍《す》
タッ…
こんなふざけた奴等《ヤツラ》にオレは…
覚悟《かくご》ができたであろうな?
オ…オッス…
ではガイ先生《せんせい》お願《ねが》いします!

まったく！青春《せいしゅん》してるなー！お前《まえ》らーっ!!!

!
!!
うっ…
うっげええ ええええ ——っ!!!
もっと濃《こ》ゆいのが 出《で》て来《き》たって ばよ————!!
コッ コラ——!! 君達《きみたち》 ガイ先生《せんせい》を バカにするな ——!!
激濃《げきこ》ゆ…
激《げき》オカッパ…
ス… スゲー 激眉《げきまゆ》…
オレってば あんなの 初《はじ》めて見《み》た…
ウッセーって ばよ!!
変《へん》なのばっか 出《で》てくっから リアクションに 困《こま》ってんだよ!!
なにお〜〜〜!
リー!
クル
あ! オッス…

バカヤロ――!!
ふぐっ!!
!!
え!!?
……
お前《まえ》って奴《ヤツ》ぁ…
お前《まえ》って奴《ヤツ》ぁ…
せっ
先生《せんせい》……!!
先生《せんせい》…
僕《ぼく》は…
僕《ぼく》は…
もういい
リー――!
何《なに》も言《い》うな!!
先生《せんせい》!!

!?
うわあ あ……
あんな奴《ヤツ》に オレは…
そう… これこそ 青春《せいしゅん》だ!!
ギュッ
先生《せんせい》～!!
な… なんか あーゆーノリ いいなぁ…
バ… バカ!! 危険《きけん》よ!! アブなすぎる わよ!!
いいんだ リー! 若《わか》さに間違《まちが》い ってのは つきものなんだ ……
優《やさ》しすぎ ます… 先生《せんせい》っ!!
トン
だが ケンカを したあげく 禁《きん》を破《やぶ》ろうとした 罰《ばつ》は——
たてまえ上《じょう》 中忍《ちゅうにん》試験《しけん》後《ご》にでも 受《う》けてもらうぞ♡
ハイッ!!

演習場《えんしゅうじょう》の周《まわ》り500周《しゅう》だ!!
押忍《オス》!!
……
バカね…
あのさ！あのさ！ところでさ あのカメは何《なん》なのかな？
チラ
あの子達《こたち》は確《たし》か…
あ！
イヤ～～こっち見《み》てる
カカシの…
それより カカシ先生《せんせい》は元気《げんき》かい？
君達《きみたち》！
ちゃっス
カカシを知《し》ってんのか……？
知《し》ってるも何《なに》も……
クク……

?
ーえ!?
人《ひと》は僕《ぼく》らのことを「永遠《えいえん》のライバル」と呼《よ》ぶよ…
!!!

こいつ…
50勝《しょう》49敗《はい》
いつの間《ま》に…!!
カカシより強《つよ》いよ オレは…
そ…そんな…速《はや》い!! スピードならカカシ以上《いじょう》だ!!
……人間《にんげん》か…!?
どうです!! ガイ先生《せんせい》はスゴイでしょう!!
……ちくしょう
今回《こんかい》は リーが迷惑《めいわく》をかけたがオレの顔《かお》に免《めん》じて許《ゆる》してくれ
このさわやか顔《がお》に免《めん》じてな…
あのカカシより上《うえ》だと…ちくしょう…こいつ…
ハッタリじゃない…

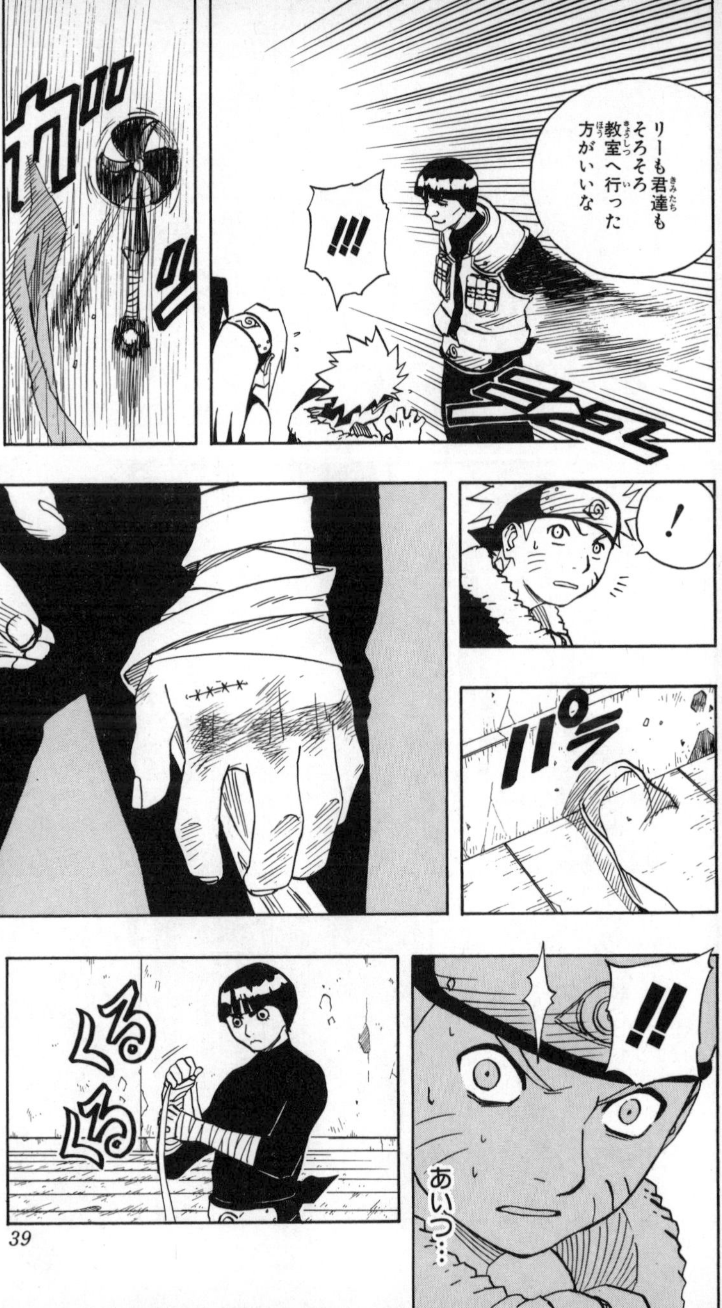

リーも君達《きみたち》も
そろそろ
教室《きょうしつ》へ行《い》った
方《ほう》がいいな
!!!
!
パラ
!!
くるくる
あいつ…

じゃ
ガンバレよ
リー！
あばよ!!
ザッ
押忍《オス》
サスケ君《くん》…
最後《さいご》に一言《ひとこと》
言《い》っておきます
実《じつ》のところ
ボクは 自分《じぶん》の能力《のうりょく》を
確《たし》かめるために
ここへ出《で》てきました
ギュ
さっき ボクは
ウソを言《い》いました
おそらく
木ノ葉《こ は》の下忍《げにん》で
最《もっと》も強《つよ》い男《おとこ》は
ボクのチーム内《ない》
にいる
そいつを倒《たお》すために
出場《しゅつじょう》するんです
…そして 君《きみ》も…
ターゲットの一人《ひとり》
ザッ
………
試験《しけん》！
覚悟《かくご》しといて
下《くだ》さい!!
ググッ
サスケ君《くん》
……
けっ…
なーんだ！

ウチハ一族《いちぞく》もたいしたことねーんじゃねーの？
ナルト!!
くっ…うるせー…
フンボロ負《ま》けしたくせによ
ちょ…何《なに》よ！ナルトアンタ…！
次《つぎ》はあいつをのしてやる…
キッ
お前《まえ》も見《み》ただろあいつの手《て》………

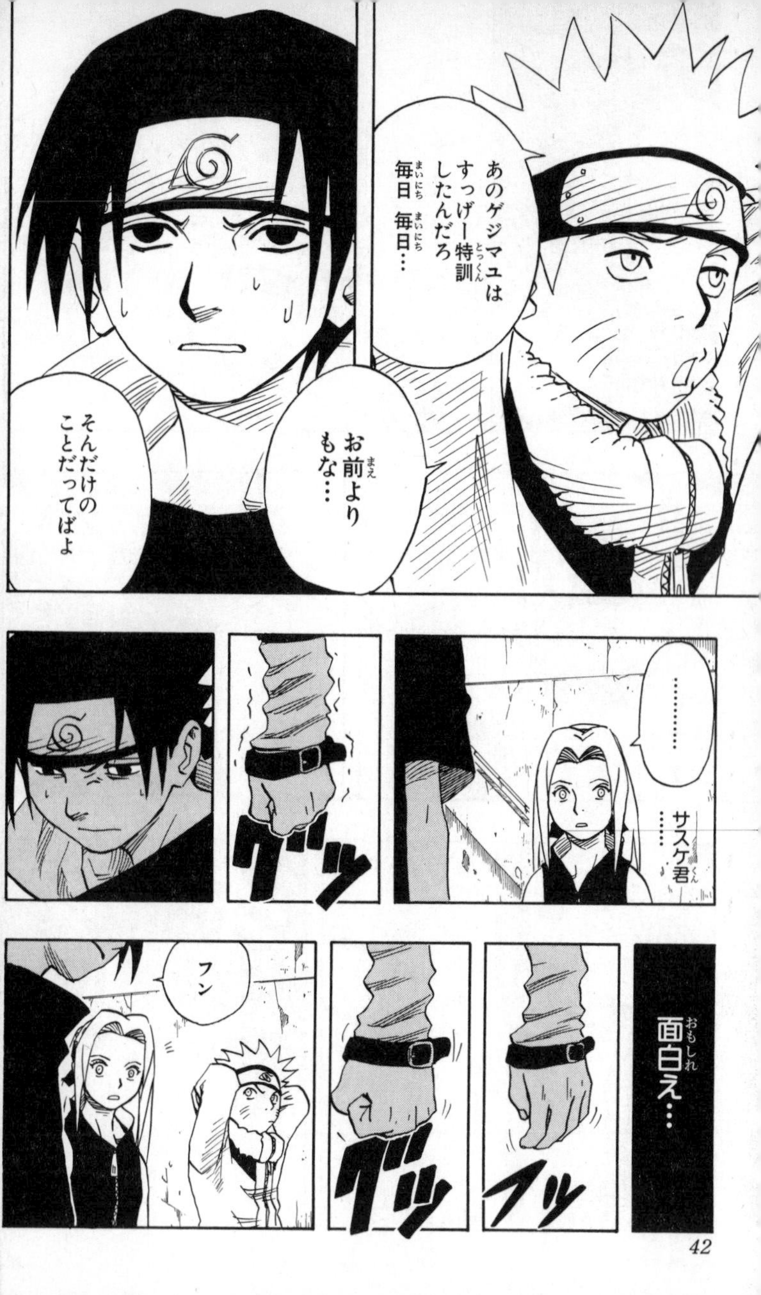

あのゲジマユはすっげー特訓《とっくん》したんだろ毎日《まいにち》 毎日《まいにち》…
お前《まえ》よりもな…
そんだけのことだってばよ
…………
サスケ君《くん》……
グッ
面白《おもしれ》え…
フッ
グッ
フン

面白《おもしろ》くなって来《き》たじゃねーか… 中忍《ちゅうにん》試《し》験《けん》 この先《さき》がよ！
…………
うん！
オウ！
行《い》くか ナルト！ サクラ！
オー‼

301
……そうか サクラも来《き》たか ……
中忍《ちゅうにん》試験《しけん》… これで 正式《せいしき》に 申《もう》し込《こ》みができるな…
！
…どういう こと…？
実《じつ》のところ この試験《しけん》 初《はじ》めから 3人1組《スリーマンセル》でしか 受験《じゅけん》できないことに なってる…
え？ でも 先生《せんせい》 受験《じゅけん》するかしないかは 個人《こじん》の自由《じゆう》だ…って …じゃあ ウソついてたの？

…もし そのことを言《い》ったなら サスケやナルトが無理《むり》にでも お前《まえ》を誘《さそ》うだろう……
たとえ 志願《しがん》する意志《いし》が なくても サスケに言《い》われれば…
お前《まえ》は いい加減《かげん》な気持《きも》ちで試験《しけん》を受《う》けようとする… サスケと…… ま！ナルトの為《ため》に …ってな
…じゃ もし サスケ君《くん》とナルトの2人《り》だけだったら？
ここで 受験《じゅけん》は中止《ちゅうし》にした この向《む》こうへ行《い》かす気《き》はなかった…
だが お前《まえ》らは自分《じぶん》の意志《いし》で ここに来《き》た オレの自慢《じまん》のチームだ
さあ 行《い》ってこい！
ギィ
よし!! 行《い》くってばよ!!!

パチ

《ナンバー》39：挑戦者《ちょうせんしゃ》たち!!

忍
忍
忍
忍

《ナンバー》39：
挑戦者《ちょうせんしゃ》たち!!

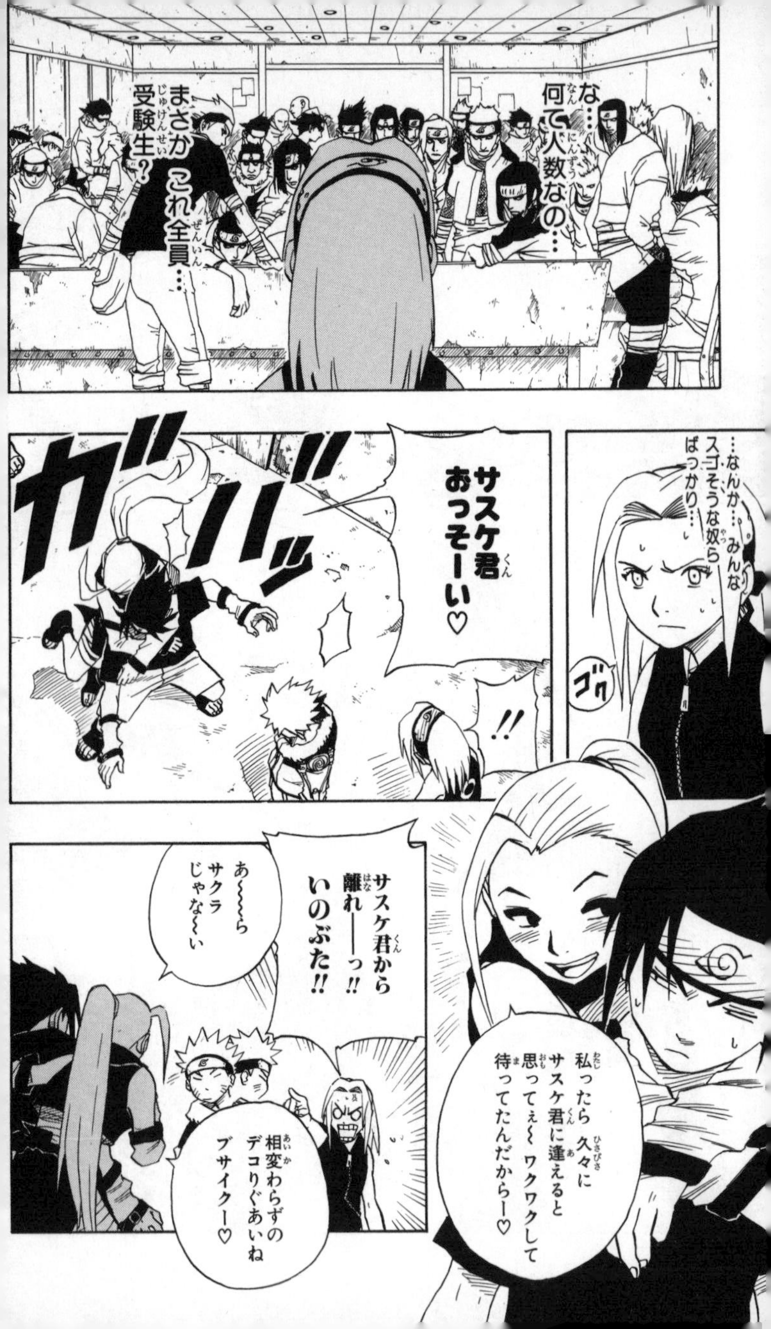

な……何《なん》て人数《にんずう》なの……
まさか これ全員《ぜんいん》……受験生《じゅけんせい》？
…なんか…みんなスゴそうな奴《やつ》らばっかり……
ゴク
サスケ君《くん》おっそーい♡
ガバッ
!!
私《わたし》ったら 久々《ひさびさ》にサスケ君《くん》に逢《あ》えると思《おも》ってぇ~ ワクワクして待《ま》ってたんだからー♡
サスケ君《くん》から離《はな》れ——っ!!いのぶた!!
あ~~~らサクラじゃな~い
相変《あいか》わらずのデコりぐあいねブサイクー♡

なんですってー!!
べ~~~
何《なん》だよこんなめんどくせー試験《しけん》お前《まえ》らも受《う》けんのかよ死《し》ねよ!
なんだぁオバカトリオか
ザ!...
その言《い》い方《かた》はやめー!
モグ
ったくクソめんどくせ――!
アスマ第《だい》10班《ぱん》
奈良《なら》シカマル
いつも文句《もんく》ばかりのやる気《き》ナシ男《おとこ》
グチタレオバカ
ボリ
ボリ
アスマ第《だい》10班《ぱん》
秋道《あきみち》チョウジ
いつも何《なに》か食《く》ってるだけのデブ
デブチンオバカ
サスケ君《くん》は――♡私《わたし》のモノ――べ~~~~!
アスマ第《だい》10班《ぱん》
山中《やまなか》いの
いつもサクラちゃんとケンカしてるサクラちゃんのライバル
サスケオバカ
ひゃほ~みーっけ!
忍
バカ

ザ
こ…
こんにちは
………
これはこれは
皆《みな》さん
おそろいでェ!!
何《なん》だと
お前《まえ》らもかよ!
…ったく
くく〜〜〜
なるほどねー
今年《ことし》の新人《しんじん》
下忍《げにん》9名《めい》
全員《ぜんいん》 受験《じゅけん》って
わけか!
ザッ…
ザ…
さて
どこまで
行《い》けますかねェ
オレ達《たち》
ねェ
サスケ君《くん》
フン…
えらく
余裕《よゆう》だな
キバ
オレ達《たち》は
相当修業《そうとうしゅぎょう》
したからな…
お前《まえ》らにゃ
負《ま》けねーぜ
ケケケ!!
うっせーってばよ!!
サスケならともかく
オレがお前《まえ》らなんかに
負《ま》けるか!!

ご…　ごめん
ナルト君《くん》…
そんなつもりで
キバ君《くん》も
言《い》ったんじゃ…
モジモジ
あの犬《いぬ》
うまそう
だな…
ボリ
ボリ
じ～～
ん？
紅《くれない》 第《だい》8班《はん》
日向《ひゅうが》ヒナタ
オレが見《み》ると目《め》を
背《そむ》ける変《へん》なやつ！
暗《くら》くて
恥《は》ずかしがり屋《や》な
女《おんな》の子《こ》
紅《くれない》 第《だい》8班《はん》
犬塚《いぬづか》キバ&《アンド》赤丸《あかまる》
オレよりうるさい！
いつも犬《いぬ》をつれてて
いつもボス面《づら》
うざい奴《やつ》!!
紅《くれない》 第《だい》8班《はん》
油女《あぶらめ》シノ
こいつってば
よー分《わ》からん
オレの苦手《にがて》な
タイプ…！
おい
君《きみ》たち！
もう少《すこ》し
静《しず》かにした方《ほう》が
いいな…
!!
忍

君《きみ》たちが″忍者学校《アカデミー》″
出《で》たてホヤホヤの
新人《しんじん》9人《にん》だろ
ザ
かわいい顔《かお》して
キャッキャッと
騒《さわ》いで…
まったく
ここは
遠足《えんそく》じゃ
ないんだよ
誰《だれ》よ〜〜〜
アンタ？
エラそーに！
ボクは
カブト
それより
辺《あた》り
見《み》てみな
辺《あた》り？
ギロロ！

君《きみ》の後《うし》ろ…
あいつらは雨隠《あまがく》れの奴《やつ》らだ
気《き》が短《みじか》い
試験前《しけんまえ》でみんなピリピリしてる
どつかれる前《まえ》に注意《ちゅうい》しとこうと思《おも》ってね
うっ……
十八番
ま！仕方《しかた》ないか
右《みぎ》も左《ひだり》も分《わ》からない新人《しんじん》さん達《たち》だしな
昔《むかし》の自分《じぶん》を思《おも》い出《だ》すよ
カブトさん…でしたっけ
ああ…
…じゃああなたは2回目《かいめ》なの
いや…
7回目《かいめ》
この試験《しけん》は年《ねん》に2回《かい》しか行《おこな》われないから
もう四年目《ねんめ》だ…
へーじゃあこの試験《しけん》について色々《いろいろ》知《し》ってんだ…!?
まあな
へーカブトさんってばすごいんだー♡
ゴゴゴ
へへ…じゃあかわいい後輩《こうはい》にちょっとだけ情報《じょうほう》をあげようかな
この忍識札《にんしきカード》でね
ピッ

忍識札《にんしきカード》？
簡単《かんたん》に言《い》えば情報《じょうほう》をチャクラで記号化《きごうか》して焼《や》きつけてある札《ふだ》のことだ
トン
この試験用《しけんよう》に情報収集《じょうほうしゅうしゅう》を四年《ねん》もかけてやった
札《カード》は全部《ぜんぶ》で200枚近《まいちか》くある
見《み》た目《め》は真《ま》っ白《しろ》だけどね…この札《カード》の情報《じょうほう》を開《ひら》くには——
ピッ
クルッ クルッ
…何《なに》やってるのー？
ボクのチャクラを使《つか》わないと見《み》ることができないようになってる
……例《たと》えばこんなのがある…
ボン
うわあすごい見《み》やすい立体図《りったいず》だ！
何《なん》の情報《じょうほう》コレ？
計153
音3
木葉87
滝6
草6
雨21
砂30
今回《こんかい》の中忍試験《ちゅうにんしけん》の総受験者数《そうじゅけんしゃすう》と総参加国《そうさんかこく》…そしてそれぞれの隠《かく》れ里《ざと》の受験者数《じゅけんしゃすう》を個別《こべつ》に表示《ひょうじ》したものさ

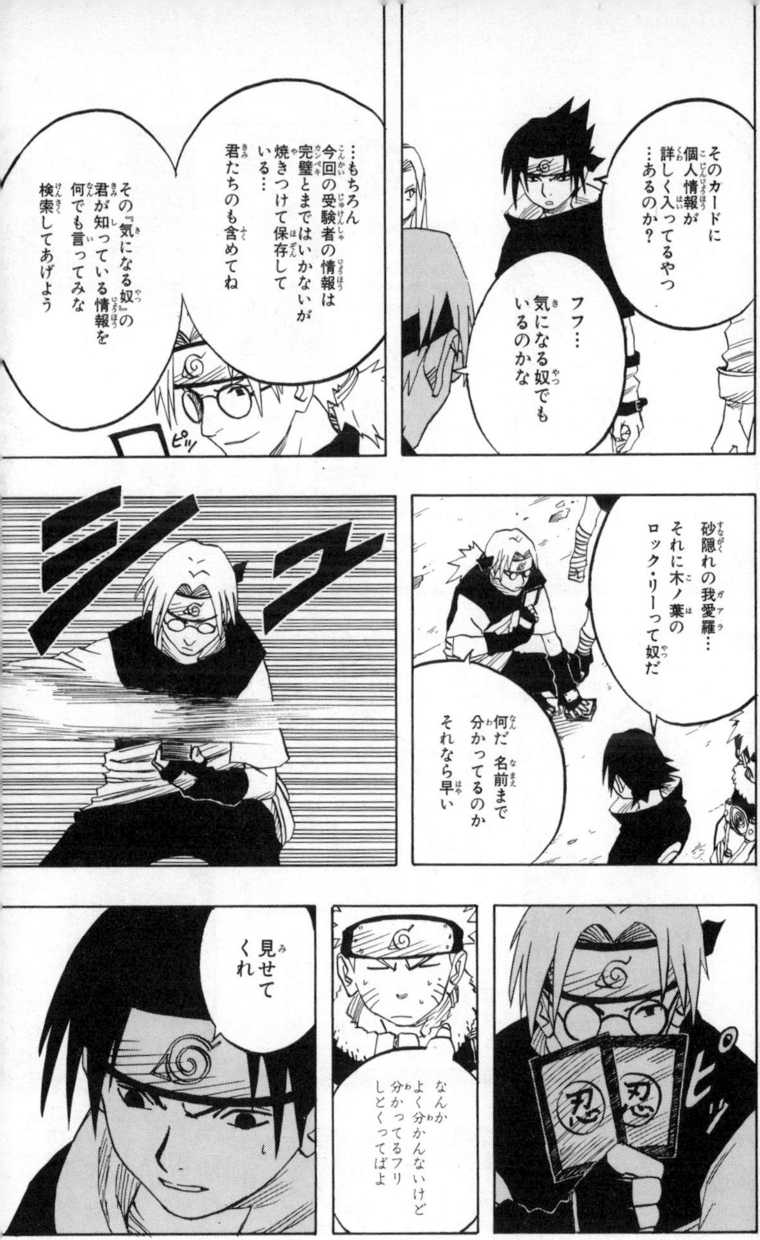

そのカードに個人情報《こじんじょうほう》が詳《くわ》しく入《はい》ってるやつ…あるのか?
フフ…気《き》になる奴《やつ》でもいるのかな
…もちろん今回《こんかい》の受験者《じゅけんしゃ》の情報《じょうほう》は完璧《カンペキ》とまではいかないが焼《や》きつけて保存《ほぞん》している… 君《きみ》たちのも含《ふく》めてね
その『気《き》になる奴《やつ》』の君《きみ》が知《し》っている情報《じょうほう》を何《なん》でも言《い》ってみな検索《けんさく》してあげよう
ピッ
砂隠《すながく》れの我愛羅《ガアラ》…それに木《こ》ノ葉《は》のロック・リーって奴《やつ》だ
何《なん》だ 名前《なまえ》まで分《わ》かってるのか それなら早《はや》い
シュ
ピッ
なんか よく分《わ》かんないけど 分《わ》かってるフリしとくってばよ
見《み》せてくれ

じゃ まず
ロック・リーだ
年齢《ねんれい》は
君《きみ》たちより
1つ上《うえ》だな
任務経験《にんむけいけん》
D《ディー》ランク 20回《かい》
C《シー》ランク 11回《かい》
班長《はんちょう》は ガイ…
体術《たいじゅつ》が ここ一年《ねん》で
異常《いじょう》に伸《の》びてる
…他《ほか》はてんで
ダメだな
火
木ノ葉
体
幻
忍
血
忍具
A
B
C 11
D 20
君《きみ》たちと同《おな》じく
今回《こんかい》 初受験《はつじゅけん》…
チームには
日向《ひゅうが》ネジと
テンテンか…
昨年《さくねん》 実力《じつりょく》のある
新人下忍《しんじんげにん》として
注目《ちゅうもく》されたが
この中忍試験《ちゅうにんしけん》には
出《で》てこなかった
次《つぎ》は
砂瀑《さばく》の我愛羅《ガアラ》
任務経験《にんむけいけん》
C《シー》ランク 8回《かい》
B《ビー》ランク 1回《かい》
すげーな
下忍《げにん》でB《ビー》ランクか…
風
砂
体
幻
忍
血
忍具
A
B 1
C 8
D ?
ただ
任務《にんむ》は
全《すべ》て無傷《むキズ》で
帰《かえ》ってきたそうだ
他国《たこく》の忍《しのび》で
新人《しんじん》だから
これ以上《いじょう》
詳《くわ》しい情報《じょうほう》は
ないが…
………

木《こ》ノ葉《は》・砂《すな》・雨《あめ》・草《くさ》・滝《たき》・音《おと》… 今年《ことし》も それぞれの隠《かく》れ里《ざと》の優秀《ゆうしゅう》な下忍《げにん》がたくさん受験《じゅけん》に来《き》ている
ま 音隠《おとがく》れの里《さと》にいたっては近年誕生《きんねんたんじょう》した小国《しょうごく》の里《さと》なので情報《じょうほう》はあまりないが
それ以外《いがい》は凄腕《スゴウデ》ばかりの隠《かく》れ里《ざと》だ
つまり… ここに集《あつ》まった受験者《じゅけんしゃ》は みんな……
な… なんか自信《じしん》なくなってきましたね…
そう！ リーや我愛羅《ガアラ》のような…
各国《かっこく》から選《よ》りすぐられた下忍《げにん》のトップエリート達《たち》なんだ
そんなに甘《あま》いもんじゃないですよ

そんなに甘《あま》いもんじゃないぞ
お前《まえ》は焦《あせ》りすぎだ
イルカの言《い》う通《とお》りだな
オレの班《はん》も一年《ねん》受験《じゅけん》を先送《さきおく》りにしてしっかり実力《じつりょく》をつけさせた
もうちょい青春《せいしゅん》してから受《う》けさせな
フッ…
いつもツメの甘《あま》い奴《やつ》らだが…
なーにお前《まえ》ンとこの奴《やつ》らならすぐ抜《ぬ》くよ あいつらは
ぐっ…
そのへんにしておけ
では次《つぎ》…新人《しんじん》以外《いがい》の下忍《げにん》の推薦《すいせん》を取《と》る

ま！
ケチつけるなよ…
とは 言《い》って
みたものの…
301
さすがに
怖《こわ》い者《もの》知《し》らずの
ヤツらも…
今回《こんかい》ばかりは
ビビってるかな…
ピク
ピク
さすがの
意地《いじ》っぱりも
この人数《にんずう》で緊張《きんちょう》
しちゃってる
ピク
無理《むり》ないわ…
みんな同《おな》じ下忍《げにん》でも
私《わたし》たちって
一番《いちばん》ピチピチの
新人《しんじん》だもんね
なんか ナルト
らしくない…
ちょっと
励《はげ》まして
やるかな…
ねぇ… ナルト
そんなに
ビクつかなく
ても…
！

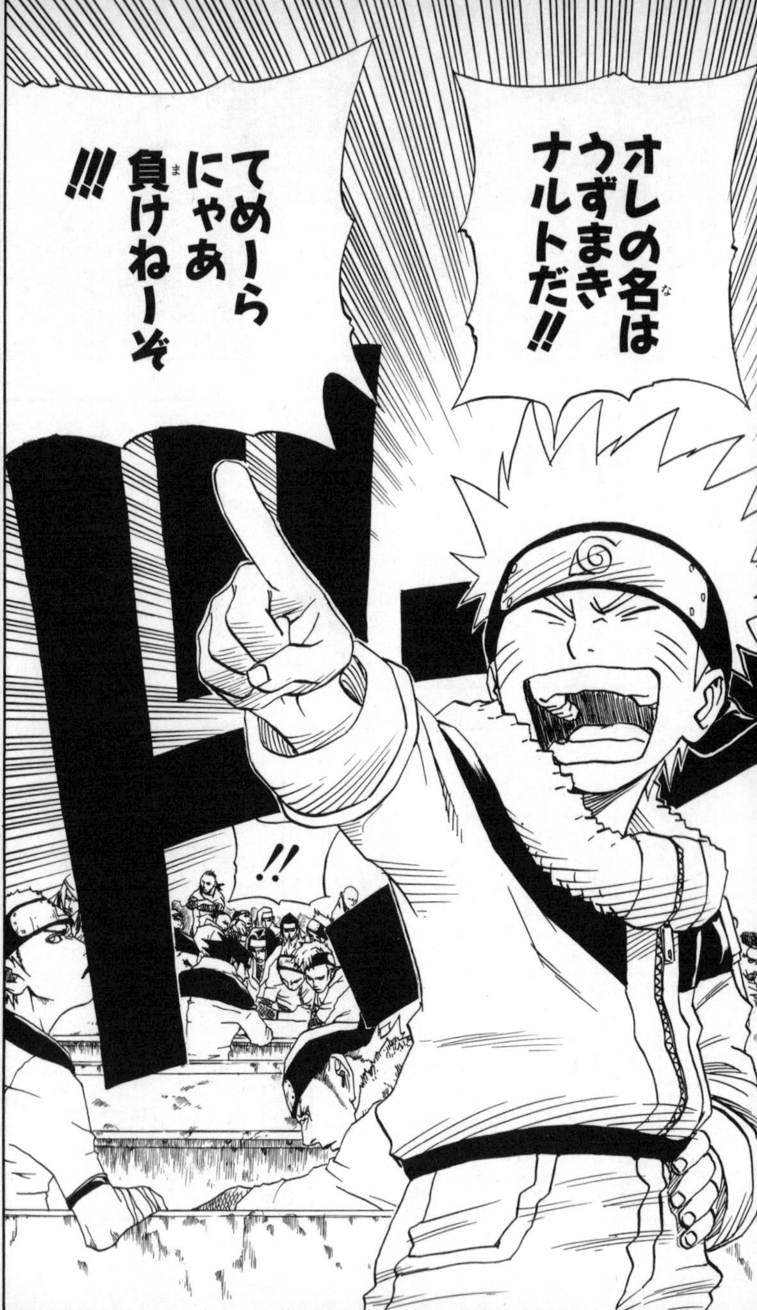
オレの名《な》はうずまきナルトだ!!
てめーらにゃあ負《ま》けねーぞ!!!
ドン
!!

分《わ》かったかー!!!
……
ねえ！何《なん》なのこいつー!!
このアホが落《お》ちこむわけないか…バカらし！
ああ〜〜〜
スキッとしたってばよ〜〜〜！
フン

………
あ…アイツってあの時《とき》の奴《ヤツ》じゃん…
えらく威勢《いせい》がいいな イジメが足《た》りなかったんじゃないか リー
………
フフ…音隠《おとがく》れは小国《しょうごく》のマイナーな隠《かく》れ里《ざと》だとよ
心外《しんがい》だね
あいつら…ちょっと遊《あそ》んでやるか…
フフ…そうだね 残《のこ》りものの忍《しのび》みたいな言《い》い方《かた》されちゃあね 彼《かれ》のデータに加《くわ》えてあげようよ ……音隠《おとがく》れの忍《しのび》は…
それなりに残忍《ざんにん》ってね

《ナンバー》40：第一《だいいち》の試験《しけん》!!

……てめーらにゃ負《ま》けねーぞってか…言《い》うねエ〜〜〜！
目立《めだ》ちまくりよ！
あのバカだきゃー一瞬《いっしゅん》にして周《まわ》り敵《てき》だらけにしやがって………
なにふいてんのよアンタ!!
ガッ！
だってホントのこと言《い》ったままだってばよ！
ギロ
み…皆《みな》さん冗談《じょうだん》です…こいつかなりのバカでして…
うっ
ガミガミ
やりますか…

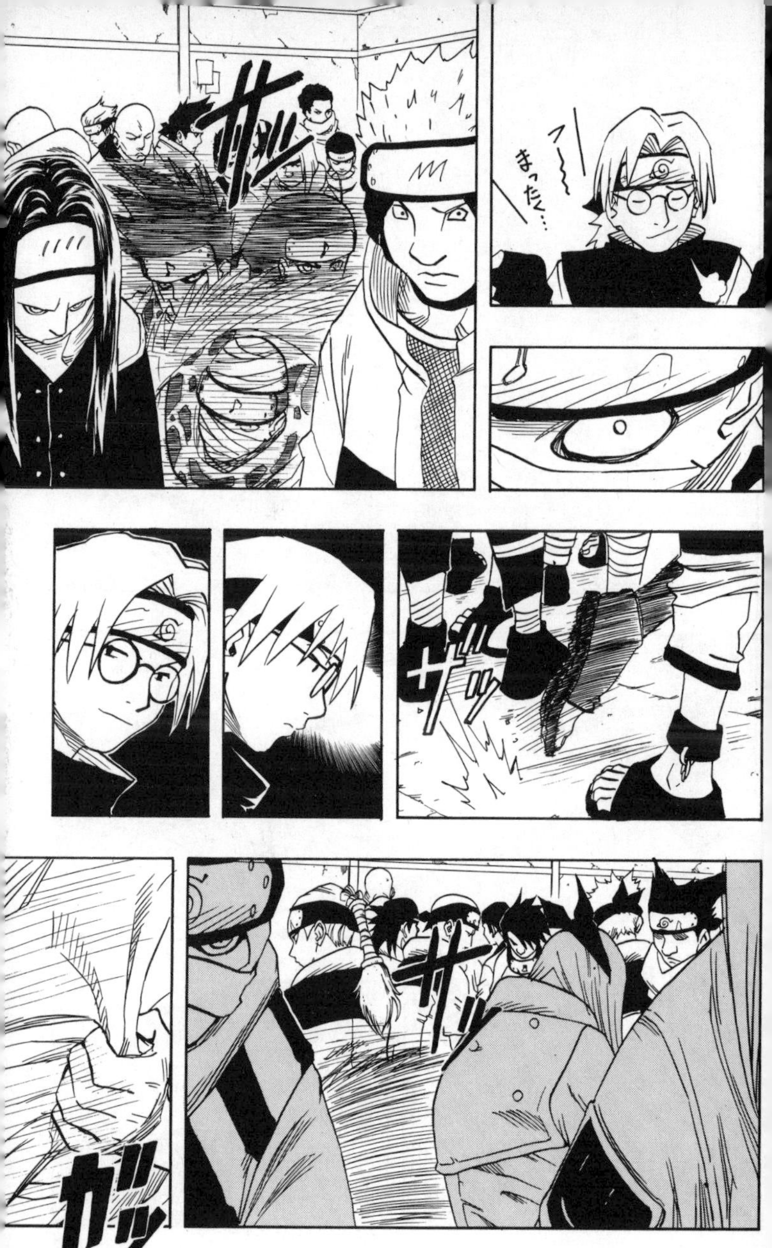
へ～～
まったく…
ザッ
ザッ
ザッ
ガッ

!!
シュ
シュ
!!!

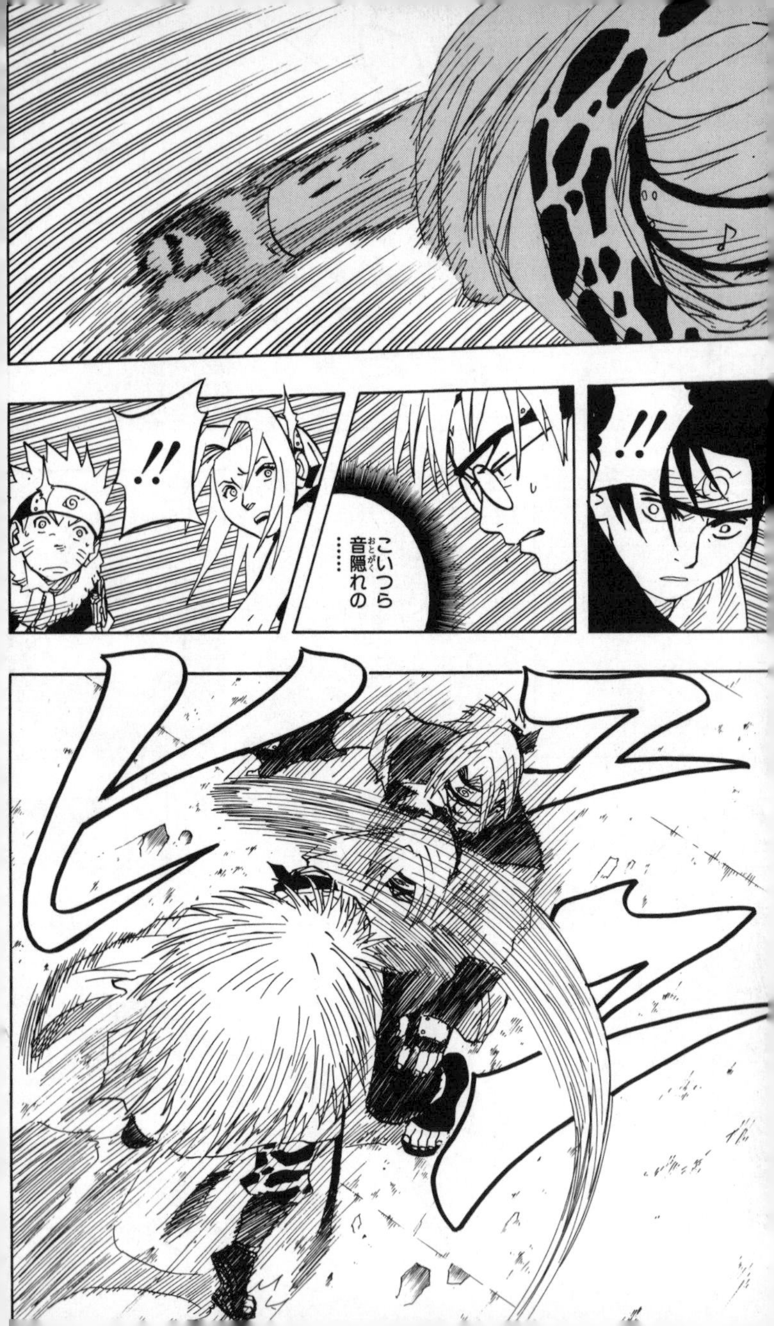
!!
こいつら音隠《おとがく》れの……
!!

かわした!
見切《みき》れるスピードだ…
!
ピシィ
パラ
パラ
!
なるほど…こういう攻撃《こうげき》ね…
スッ
パラ
どういうことだ…かわしたはずだ なぜ眼鏡《メガネ》が…
けっ…いきがってるからだよ あのクソ
鼻先《はなさき》をかすめたんだろ
!?
グラ

うえぇっ
ボタボタッ
あ! 吐《は》いたァ!?
カ…カブトさん?
!!
フン

カブトの兄《にい》ちゃん！
大丈夫《だいじょうぶ》!?
ダッ
ああ…大丈夫《だいじょうぶ》さ……
なーんだ…大《だい》したことないんだぁ 四年《ねん》も受験《じゅけん》してるベテランのくせに……
アンタの札《カード》に書《か》いときな "音隠《おとがく》れ" 3名《めい》 中忍確実《ちゅうにんかくじつ》ってな
こいつ《カブト》は完全《かんぜん》に見切《みき》っていたはず…
なぜ嘔吐《おうと》した……
リー 今《いま》の技《わざ》どうだ…
見切《みき》りに問題《もんだい》はなかった …ネタがあるな
フン……
静《しず》かにしやがれどぐされヤローどもが!!
な…何《なん》だ?

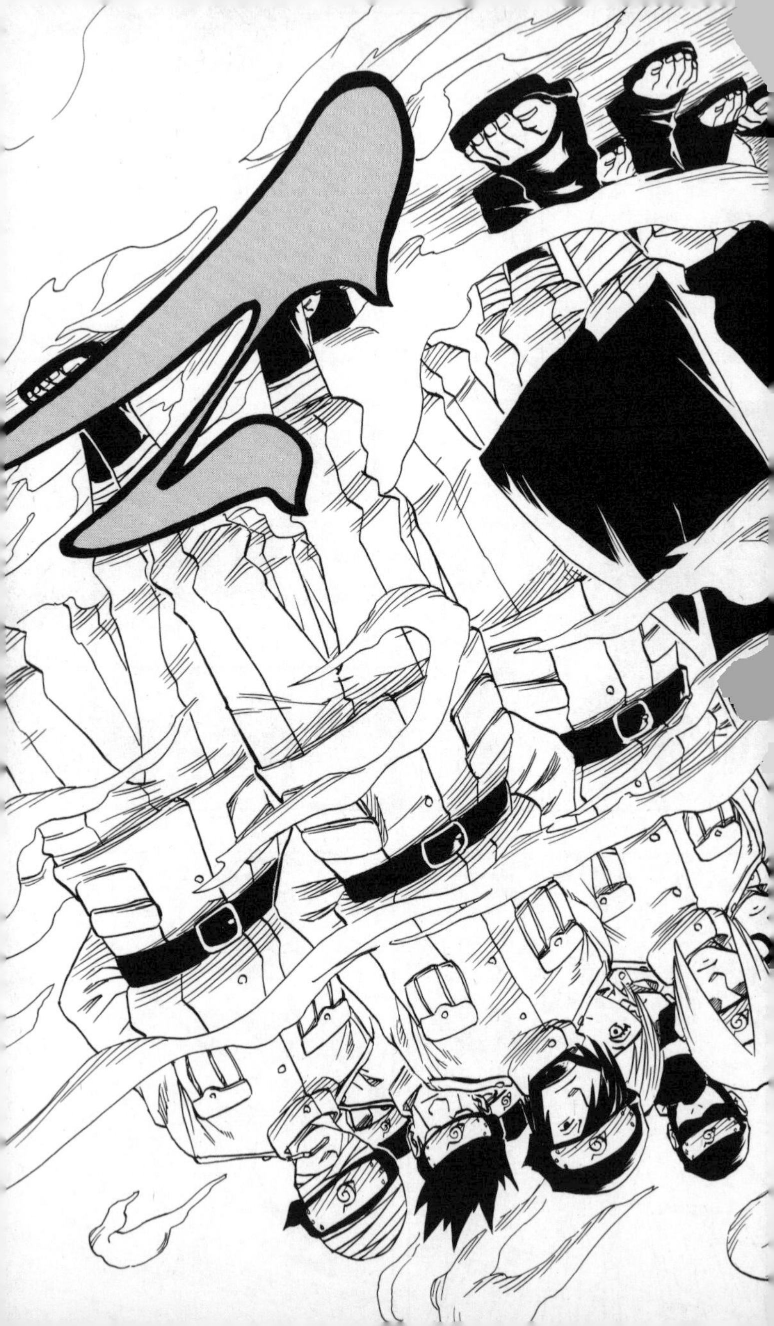

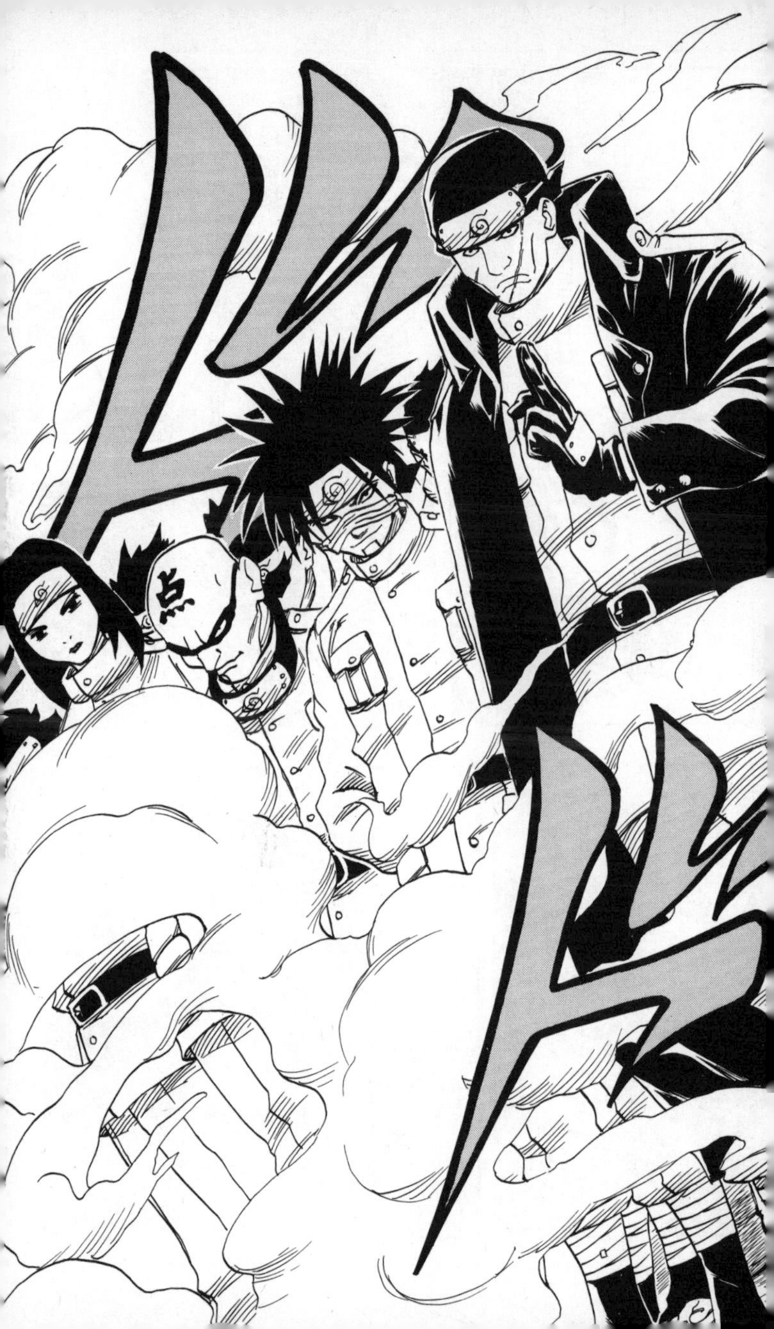
点

待《ま》たせたな…
「中忍《ちゅうにん》選抜《せんばつ》第一《だいいち》の試験《しけん》」試験官《しけんかん》の森乃《もりの》イビキだ…
ピッ
ゴクッ
音隠《おとがく》れのお前《まえ》ら! 試験前《しけんまえ》に 好《す》き勝手《かって》やってんじゃねーぞ コラ
いきなり失格《しっかく》にされてーのか
すみませんねぇ… なんせ 初《はじ》めての受験《じゅけん》で舞《ま》い上がってまして… つい…

フン…
いい機会《きかい》だ言《い》っておく
試験官《しけんかん》の許可《きょか》なく対戦《たいせん》や争《あらそ》いはありえない
また 許可《きょか》が出《で》たとしても相手《あいて》を死《し》に至《いた》らしめるような行為《こうい》は許《ゆる》されん
オレ様《さま》に逆《さか》らうようなブタ共《ども》は即失格《そくしっかく》だ
分《わ》かったな
………
………なんか甘《あま》っちょろいな この試験《しけん》
ニヤニヤ

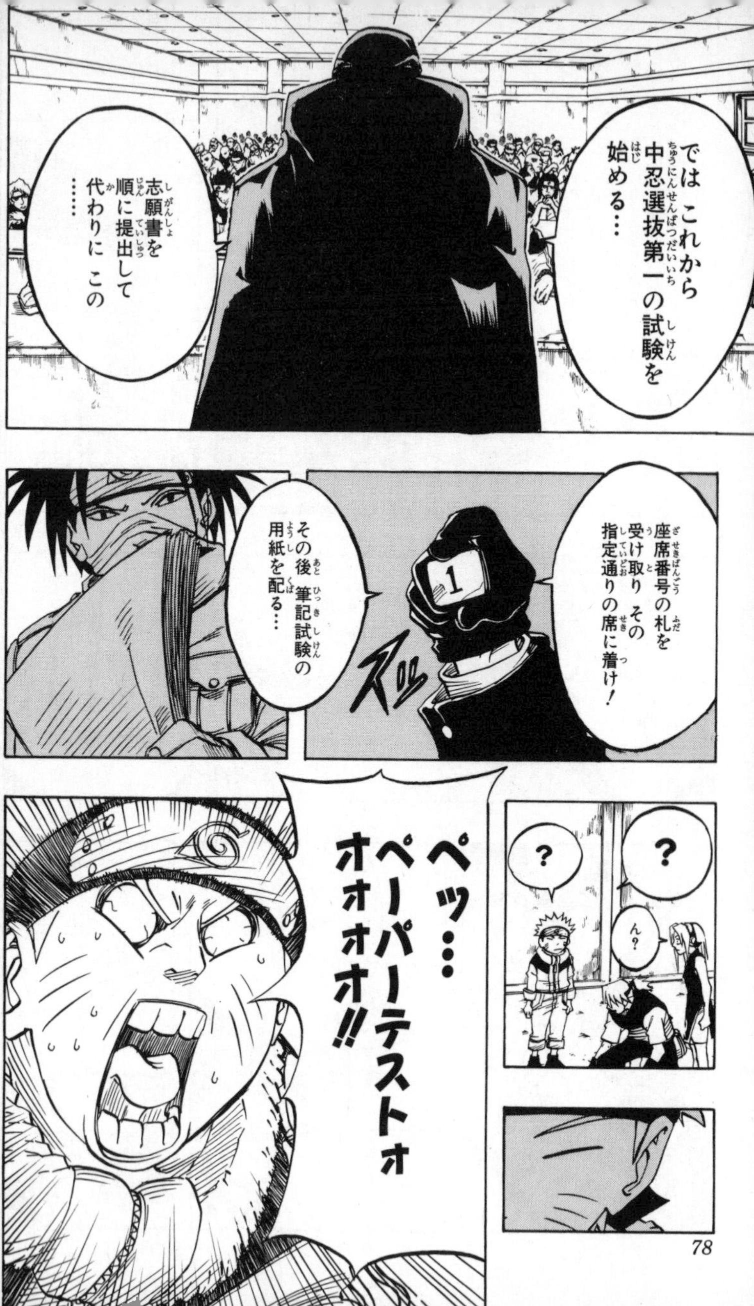
では これから中忍《ちゅうにん》選抜《せんばつ》第一《だいいち》の試験《しけん》を始《はじ》める…
志願書《しがんしょ》を順《じゅん》に提出《ていしゅつ》して代《か》わりに この……
座席番号《ざせきばんごう》の札《ふだ》を受《う》け取《と》り その指定通《していどお》りの席《せき》に着《つ》け！
その後《あと》 筆記試験《ひっきしけん》の用紙《ようし》を配《くば》る…
？
？
ん？
ペッ…ペーパーテストォオオオオ!!

ナルトにとっちゃ最悪《さいあく》の試験《しけん》ね… フフ… ヘコんでる ヘコんでる
あ〜〜〜 みんな席《せき》バラバラになっちまったってばよォ
どーしよっかなぁ…
………ナルト君《くん》
あ！お前《まえ》ってばヒナタ！
お前《まえ》ってば存在感《そんざいかん》なさすぎ
お… お互《たが》い頑張《がんば》ろうね…
試験用紙《しけんようし》はまだ 裏《うら》のままだぁ
そして オレの言《い》うことをよく聞《き》くんだ
この第一《だいいち》の試験《しけん》には 大切《たいせつ》な・ルール・ってもんがいくつかある
黒板《こくばん》に書《か》いて説明《せつめい》してやるが質問《しつもん》は一切《いっさい》受《う》け付けんからそのつもりでよーく聞《き》いとけ
コツ
コツ
ルール？
質問《しつもん》を受《う》け付《つ》けないって………

第《だい》1のルールだ! まず お前《まえ》らには 最初《さいしょ》から 各自《かくじ》10点《てん》ずつ 持《も》ち点《てん》が与《あた》えられている
筆記試験問題《ひっきしけんもんだい》は 全部《ぜんぶ》で10問《もん》 各《かく》1点《てん》… そして――
この試験《しけん》は 減点式《げんてんしき》と なってる
カリカリ
つまり 問題《もんだい》を10問正解《もんせいかい》すれば 持《も》ち点《てん》は10点《てん》 そのまま
持ち点 10点
例1. 全問正解→持ち点10点のまま
例2. 3問不正解→持ち点7点になる…
しかし 問題《もんだい》で3問《もん》 間違《まちが》えれば 持《も》ち点《てん》の10点《てん》から…
3点《てん》が 引《ひ》かれ 7点《てん》という 持《も》ち点《てん》になる わけだ
ふむふむ 10問間違《もんまちが》えれば 0点《てん》と……
第《だい》2のルール… この筆記試験《ひっきしけん》は チーム戦《せん》
つまりは 受験申《じゅけんもう》し込《こ》みを 受《う》け付《つ》けた 三人一組《さんにんひとくみ》の 合計点数《ごうけいてんすう》で 合否《ごうひ》を判断《はんだん》する

…つまり合計《ごうけい》持《も》ち点《てん》30点《てん》をどれだけ減《へ》らさずに試験《しけん》を終《お》われるかを・・・チーム単位《たんい》で競《きそ》ってもらう
ちょ… ちょっと待《ま》って！
持《も》ち点減点式《てんげんてんしき》の意味《いみ》ってのも分《わ》かんないけどチームの合計点《ごうけいてん》ってどーいうことぉ!!
ガバッ
うるせぇ！お前《まえ》らに質問《しつもん》する権利《けんり》はないんだよ！
これにはちゃんと理由《わけ》がある黙《だま》って聞《き》いてろ！
理由《わけ》…？
分《わ》かったら肝心《かんじん》の次《つぎ》のルールだ
第《だい》3に試験《しけん》途中《とちゅう》で妙《みょう》な行為《こうい》――
つまり「カンニング及《およ》びそれに準《じゅん》ずる行為《こうい》を行《おこ》なった」とここにいる監視員《かんしいん》たちに見《み》なされた者《もの》は…
その行為《こうい》1回《かい》につき持《も》ち点《てん》から2点《てん》ずつ減点《げんてん》させてもらう

あ！
そうだ！ つまり この試験中《しけんちゅう》に持《も》ち点《てん》をすっかり吐《は》き出《だ》して退場《たいじょう》してもらう者《もの》も出《で》るだろう
なるほど…
筆記問題以外《ひっきもんだいいがい》にも減点《げんてん》の対象《たいしょう》を作《つく》ってるってことね
いつでもチェックしてやるぜ
ゾク
不様《ぶざま》なカンニングなど行《おこな》った者《もの》は自滅《じめつ》していくと心得《こころえ》てもらおう
ニヤ
仮《かり》にも中忍《ちゅうにん》を目指《めざ》す者《もの》忍《しのび》なら……
立派《りっぱ》な忍《しのび》らしくすることだ

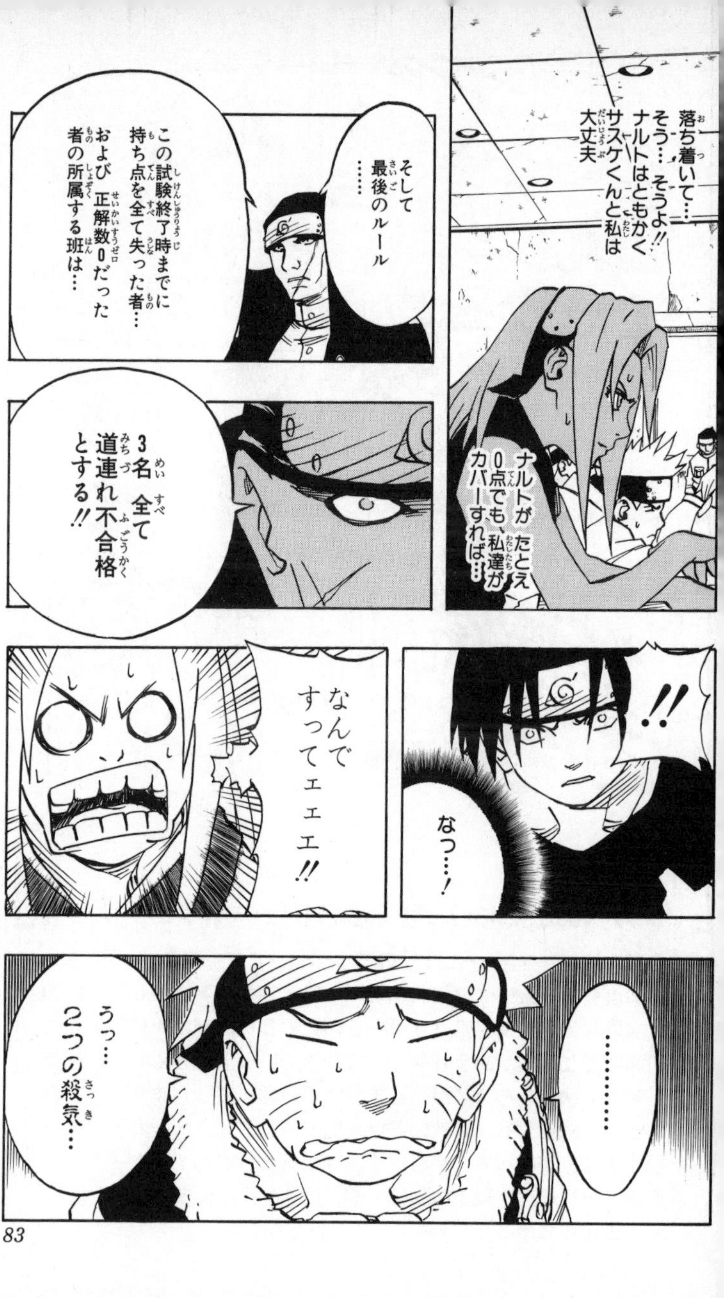
落《お》ち着《つ》いて…
そう… そうよ!!
ナルトはともかく
サスケくんと私《わたし》は
大丈夫《だいじょうぶ》
ナルトが たとえ
0点《てん》でも、私達《わたしたち》が
カバーすれば…
そして
最後《さいご》のルール
……
この試験終了時《しけんしゅうりょうじ》までに
持《も》ち点《てん》を全《すべ》て失《うしな》った者《もの》…
および 正解数《せいかいすう》0《ゼロ》だった
者《もの》の所属《しょぞく》する班《はん》は…
3名《めい》 全《すべ》て
道連《みちづ》れ不合格《ふごうかく》
とする!!
!!
なっ…!
なんで
すってエエエ!!
………
うっ…
2つの殺気《さっき》…

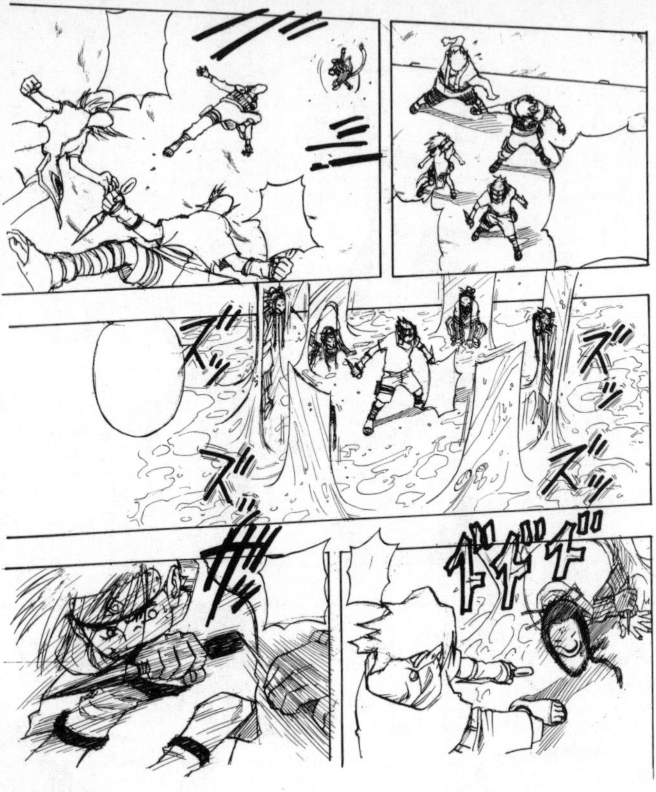

[岸本斉史《きしもとまさし》の
マンガへのこだわりっぽく思《おも》わせたいボツコーナー1]

この上《うえ》のマンガはNARUTO《ナルト》のボツページです。このページ、ネームも決《き》まり、下描《したが》き、ペン入《い》れまでいってましたが演出《えんしゅつ》がしょぼいのと、大事《だいじ》なアクションでコマが小《ちい》さいとのことからボツにしました。週刊連載《しゅうかんれんさい》だと時間《じかん》があまりなく、ここまでいって描《か》き直《なお》しは、あまりできない状況《じょうきょう》なんですが、直《なお》す時《とき》は思《おも》い切《き》って直《なお》します。ネームでしっかり決《き》めても、原稿《げんこう》に実際《じっさい》描《か》いてみるとイメージが違《ちが》いすぎたりすることがあって、やむなくこうなるわけなんですが…。
なるほど…NARUTO《ナルト》の原稿《げんこう》が遅《おそ》いわけがここにあったとは!!
…ん一気《き》付《づ》かなかったなぁ…。

ナンバー41：悪魔《あくま》の囁《ささや》き…!?

中忍選抜《ちゅうにんせんばつ》“第一《だいいち》の試験《しけん》”ルール

①最初《さいしょ》から各受験者《かくじゅけんしゃ》には満点《まんてん》の10点《てん》が与《あた》えられている。試験問題《しけんもんだい》は全部《ぜんぶ》で10問《もん》・各《かく》1点《てん》とし、不正解《ふせいかい》だった問題数《もんだいすう》だけ持《も》ち点《てん》から点数《てんすう》が引《ひ》かれる。減点方式《げんてんほうしき》。

②試験《しけん》はチーム戦《せん》。
つまり、三人《にん》一組《くみ》の合計点《ごうけいてん》（30点満点《てんまんてん》）で競《きそ》われる。

③「カンニング、及《およ》びそれに準《じゅん》ずる行為《こうい》を行《おこな》った」と見《み》なされた者《もの》は、その行為《こうい》1回《かい》につき、持《も》ち点《てん》から2点《てん》ずつ減点《げんてん》される。

④試験終了時《しけんしゅうりょうじ》までに（カンニングにより）持《も》ち点《てん》全《すべ》てを失《うしな》った者《もの》・及《およ》び正解数《せいかいすう》が0《ゼロ》だった者《もの》は失格《しっかく》とする。
また、その失格者《しっかくしゃ》が所属《しょぞく》するチームは、3名全員《めいぜんいん》を道連《みちづ》れ不合格《ふごうかく》とする。

試験時間《しけんじかん》は一時間《じかん》だ
よし…
ゴク……
始《はじ》めろ!!
カリ
カリ
…こ これって もしかして…
とんでもないことに なつたんじゃ…
ナルト…
0点《れいてん》だけは よしてよ!

クッ…
シシシ
ククク…な~~んてね…
オレってばこんな修羅場《しゅらば》はいくつもくぐり抜《ぬ》けて来《き》たんだもんね…
〝万年《まんねん》ドベ〟の称号《しょうごう》はダテじゃないってばよ!
フーンフ~~ン♪
こういう時《とき》には焦《あせ》らず騒《さわ》がず……
一問《もん》一問《もん》冷静《れいせい》に全部《ぜんぶ》の問題《もんだい》を眺《なが》める
そして分《わ》かりそうな問題《もんだい》に全力《ぜんりょく》で取《と》り組《く》めばいいんだってばよ!!
プルプル
……
チィ…ヤバいぜ…
ナルトの奴《ヤツ》いきなりビビッてんじゃねーだろうな…
1問目《もんめ》は暗号文《あんごうぶん》か…
やってくれるってばよ!
……
中忍選抜“第一の試
第1問
次の暗号文を解読し、要約し

次《つぎ》！
……ナルト……
大丈夫《だいじょうぶ》かな……
…って私《わたし》も自分《じぶん》の心配《しんぱい》をしなくちゃ…
ここで私《わたし》が点《てん》を取《と》っておかなきゃ…
えっと…第《だい》2問《もん》…『図《ず》の放物線《ほうぶつせん》B《ビー》は、高《たか》さ7m《メートル》の木《き》の上《うえ》にいる敵《てき》の忍《しのび》A《エー》の手裏剣《しゅりけん》における最大射程距離《さいだいしゃていきょり》を描《えが》いている。』……
『この手裏剣《しゅりけん》の描《えが》く楕円《だえん》に現《あらわ》れる敵《てき》の忍者《にんじゃ》の特徴《とくちょう》、及《およ》び平面戦闘時《へいめんせんとうじ》における最大射程距離《さいだいしゃていきょり》を想定《そうてい》し答《こた》え、その根拠《こんきょ》を示《しめ》しなさい』
こ…これって……不確定条件《ふかくていじょうけん》の想定《そうてい》と力学的《りきがくてき》エネルギーの解析《かいせき》を応用《おうよう》した融合問題《ゆうごうもんだい》じゃない…！
こ…こんなのナルトが解《と》けるわけないじゃない!!
っていうかここにいるほとんどの奴《やつ》が出来《でき》ないわよ!! こんな問題《もんだい》ー!!
私《わたし》は解《と》けるけど…

フン
サー
フフ…
なるほどね
……
こんなの…
一問《もん》たりとも
わかんねぇ
………
フッ
おまけに
何《なん》だよ
この10問目《もんめ》は
……!
第《だい》10問《もん》
この問題《もんだい》に限《かぎ》っては、試験開始後《しけんかいしご》45分《ふん》
経過《けいか》してから、出題《しゅつだい》されます。
担当教師《たんとうきょうし》の質問《しつもん》を良《よ》く、理解《りかい》した上《うえ》で、
回答《かいとう》して下《くだ》さい。

やっ……
やばいってばよ――!!!
マジでェ!! マッジイでェ!!

どうしよう…
どうしよう…
どうしよう…
どうしよう…
どうしよう…×7……
どうしよーっ!!
う〜〜〜〜
ブツブツ
ここは慎重《しんちょう》に……
……
…にしても…この念《ねん》の入れよう…
オレ達《たち》がカンニングするってまるで決《き》め込《こ》んでるようなやり口《くち》だな…
嫌《イヤ》な奴《ヤツ》らだぜ…

……第《だい》2のルール…
三人《にん》一組《くみ》の合計点《ごうけいてん》で競《きそ》うってことは高得点順《こうとくてんじゅん》に上位何《じょういなん》チームかが選《えら》ばれるのよね…
……一体《いったい》何《なん》チームが合格《ごうかく》できるようになってんのかしら…
知《し》ってどうなるものでもないけど…
……不安《ふあん》でならないわ
ガタ
!
あの～これだけ教《おし》えて欲《ほ》しいのですが…
いったい上位何《じょういなん》チームが合格《ごうかく》なんですか?
……
ククク……
!
!

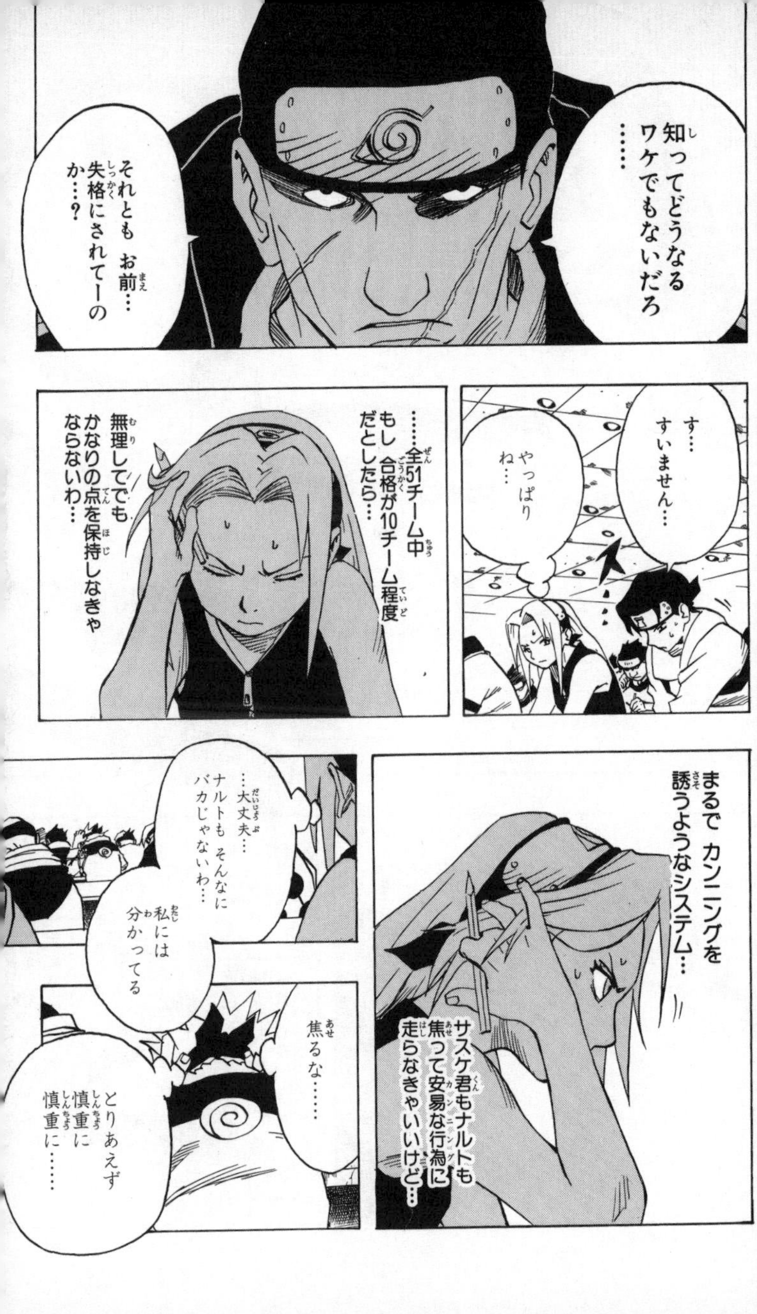
知《し》ってどうなるワケでもないだろ……
それとも お前《まえ》…失格《しっかく》にされてーのか…?
す…すいません…
やっぱりね…
……全《ぜん》51チーム中《ちゅう》 もし合格《ごうかく》が10チーム程度《ていど》だとしたら…
無理《むり》してでもかなりの点《てん》を保持《ほじ》しなきゃならないわ…
まるで カンニングを誘《さそ》うようなシステム…
サスケ君《くん》もナルトも焦《あせ》って安易な行為《カンニング》に走《はし》らなきゃいいけど…
…大丈夫《だいじょうぶ》… ナルトも そんなにバカじゃないわ…
私《わたし》には分《わ》かってる
焦《あせ》るな……
とりあえず慎重《しんちょう》に慎重《しんちょう》に……

見《み》つからねー
ようにカンニングする
しかない!!
……
ポカポカーポ
いや!いや!やっぱダメだダメだっ!!
そんなアブねー橋《はし》渡《わた》れるかってばよ!!
しかし この人数《にんずう》で見張《みは》られてちゃな
…たぶん あのノートでチェックするんだろーが…

カリ
カリ
……誰《だれ》かやられたな……
不様《ぶざま》なカンニングなど行《おこな》った者《もの》は自滅《じめつ》していくと心得《こころえ》てもらおう
仮《かり》にも中忍《ちゅうにん》を目指《めざ》す者《もの》 忍《しのび》なら…立派《りっぱ》な忍《しのび》らしくすることだ
……
!!
ちょっと待《ま》てよ!!
……
……そうか……そういうことか!
…チィ 何《なん》てこった… これは ただの知力《ちりょく》をみる筆記試験《ペーパーテスト》じゃなかったんだ!
シワ
シワ
早《はや》く気《き》づけナルト!
……何故《なぜ》ならこのテストは……
命取《いのちと》りになるぞ!

カンニング公認《こうにん》の
偽装《ぎそう》・隠《いん》ぺい術《じゅつ》を
駆使《くし》した…
情報収集戦《じょうほうしゅうしゅうせん》を
見《み》る試験《しけん》でも
あるんだ
『忍《しのび》は裏《うら》の裏《うら》を読《よ》め』か…
…つまり 試験官《しけんかん》の本意《ほんい》は…
カンニングをするなら〃不様《ぶざま》なカンニング〃じゃあなく〃立派《りっぱ》な忍《しのび》らしく〃バレないようにすべしってことだ
…そう考《かんが》えれば〃減点方式《げんてんほうしき》〃というこの試験《しけん》の異例《いれい》さ…
そして〃カンニング発覚《はっかく》1回《かい》につき2点《てん》の減点《げんてん》ですむ〃という甘《あま》さ…
いわば 4回《かい》の猶予《ゆうよ》にも納得《なっとく》がいく
要《よう》するにここで試《ため》されるのは………
いかに審査官《しんさかん》とカンニングをされる者《もの》に気取《けど》られず 正確《せいかく》な答《こた》えを集《あつ》めることができるか…

気《き》づけナルト！
勘《カン》のいい奴《やつ》はそろそろ動《うご》き始《はじ》めるぞ！
ギロ
そうニラむなっての……
分《わ》かってんじゃん…
スゥ
サー！
我愛羅《ガアラ》もやり始《はじ》めたか…
…フン…頼《たの》むぜ…カラス…
キュ

キョロ
キョロ
ワン！ワン！ワン！
ひゃほ〜〜〜！いい子《こ》だ 赤丸《あかまる》！次《つぎ》は 第《だい》4問《もん》だ…
カリカリ
プ〜〜
よし！教《おし》えてくれ
クイ
クイ
ブ
8だな

クイ クイ
リー 見《み》えたら 額《ひたい》あてを…
ギュ!!
カリカリ
カリ
カリ
カリ
この字《じ》のリズム 書《か》き順《じゅん》 字画数《じかくすう》からして…
カリカリ
……なるほどね……

白《びゃく》眼《がん》!!
カッ
ズ
スウ
よし あいつだ! 動《うご》きを全《すべ》て…
コピーする!!

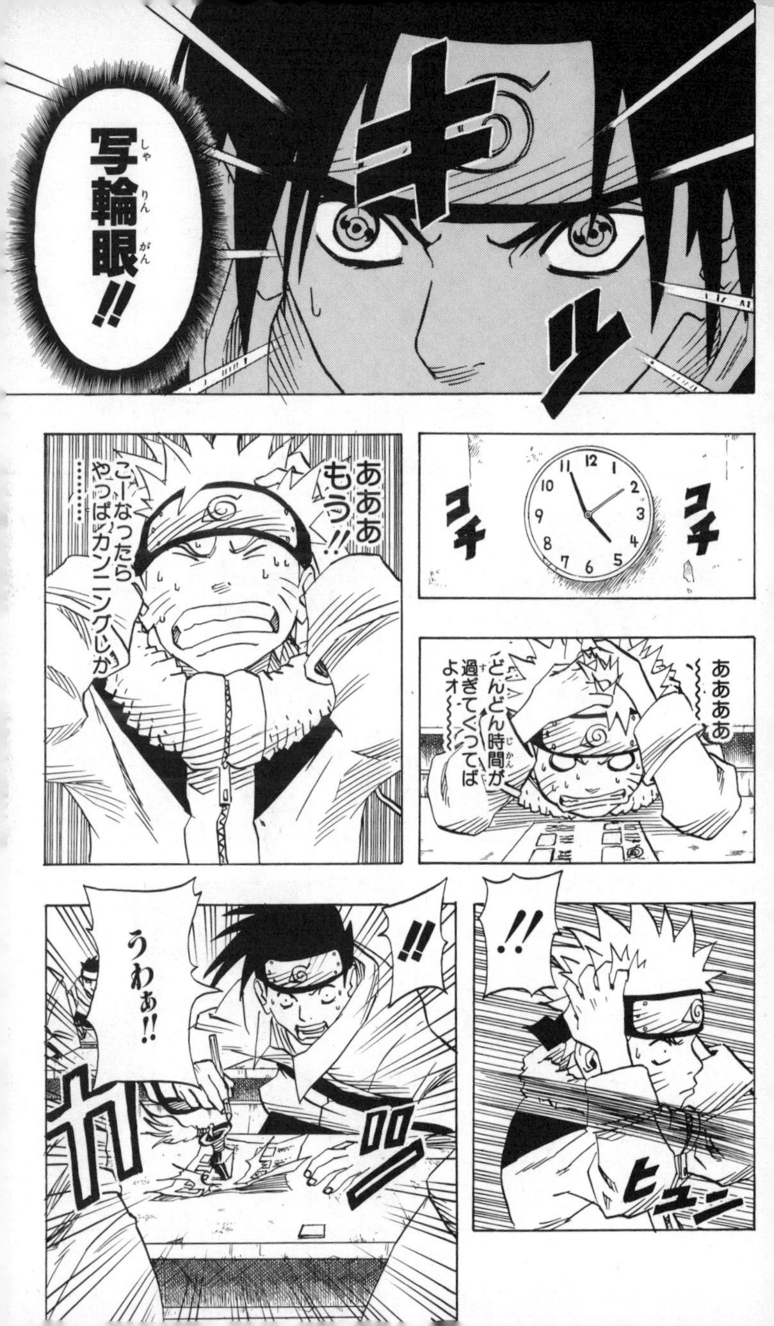
キッ
写輪眼《しゃりんがん》!!
コチ
コチ
ああああ〜〜〜
どんどん時間《じかん》が過《す》ぎてくってばよオ〜〜〜
あああもう!!
こーなったらやっぱカンニングしか……
!!
ヒュン
!!
うわぁ!!
カッ

な…なんだってばよ…
ふり向《む》くとこだった
な…何《なん》の真似《マネ》ですか!!
5回《かい》ミスった
てめーは失格《しっかく》だ
そ…
そんなぁ…
こいつのツレ2人《ふたり》とも この教室《きょうしつ》から出《で》てけ
今《いま》すぐだ

うっ…
くそ…
ホラ さっさと 出《で》ろ
テクテク
うっ…危《あぶ》ねーってばよ…オレ…
…もう決《き》めた!! ぜって!!カンニングだけはしねーぞ!!
…
ナルト君《くん》…
!
わ…私《わたし》の テスト 見《み》せてあげる
え?

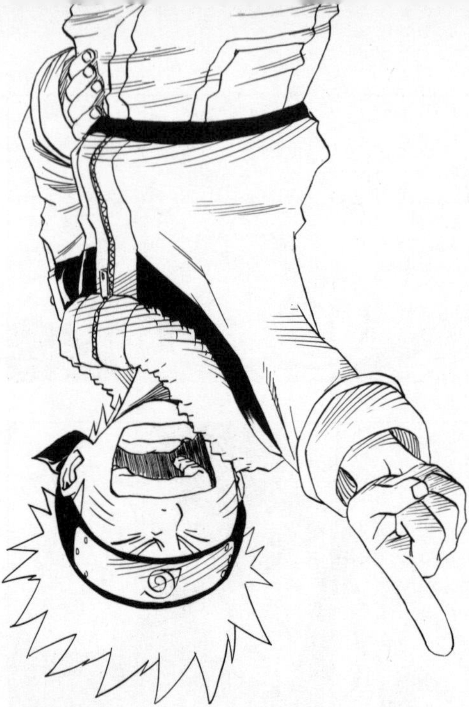

《ナンバー》42：それぞれの闘《たたか》い…!!

ナルト君《くん》 私《わたし》の答《こた》え……… 見《み》て
な 何言《なにい》ってんだ ヒナタの奴《やつ》ってば………?
な… なんで だ……?
………
!!
も… もしかして …!
じ〜〜
!
何《なに》かの 策略《さくりゃく》か…!?

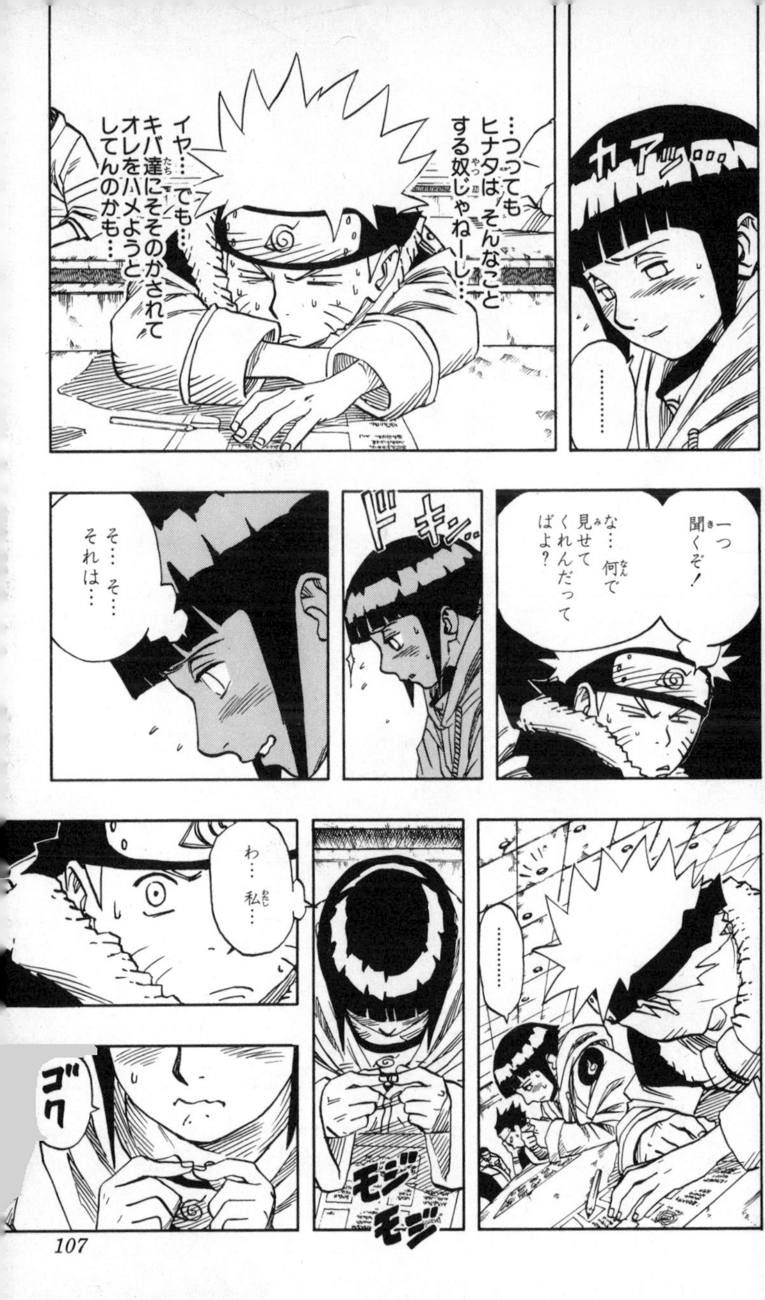
カアッ…
……
…つってもヒナタはそんなことする奴《やつ》じゃねーし…
イヤ…でも…キバ達《たち》にそそのかされてオレをハメようとしてんのかも…
一つ聞《き》くぞ! な…何《なん》で見《み》せてくれんだってばよ?
ドキン…
そ…そ…それは…
……
モジモジ
わ…私《わたし》…
ゴク

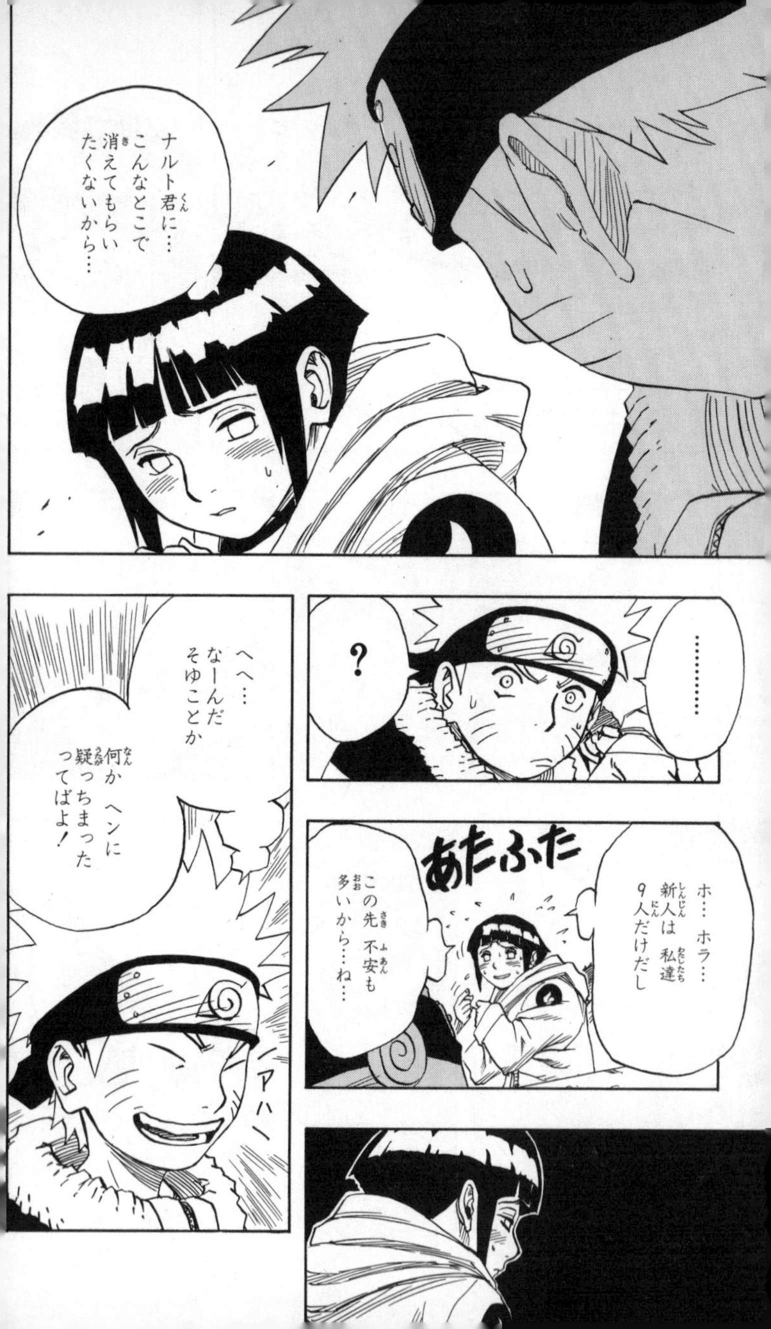
ナルト君《くん》に…こんなとこで消《き》えてもらいたくないから…
…………
?
ホ…ホラ…新人《しんじん》は9人《にん》だけだし私達《わたしたち》
あたふた
この先《さき》不安《ふあん》も多《おお》いから…ね…
へへ…なーんだそゆことか
何《なん》かヘンに疑《うたが》っちまったってばよ!
アハ

とにかく……
これってむちゃラッキーだってばよ！
ヒナタが隣《となり》で助《たす》かった…
ふふ〜〜ん♪
スッ
!!
カリカリ
ピク
カリ
カリ
……
ヒナタ…
分《わ》かってねーな…お前《まえ》…
え？

オレみたいな
スゲー忍者《にんじゃ》は
カンニングなんか
しねーってばよ!
…………
ナ…
ナルト君《くん》
……
で…
でも…
それに…
下手《へた》すれば
カンニングを
助《たす》けたってことで
見《み》せてくれた
お前《まえ》がヤバイかも
しれねーだろ!!
え?
ナルト君《くん》…
キュッ
それに…も…もし
バレたりしたら
サクラちゃんとサスケの
ヤローに迷惑《めいわく》かかるじな…!
ここでオレが
ヘマする訳《わけ》にゃ
いかねー!

ご…ごめん
わ 私《わたし》 余計《よけい》な
ことしちゃったな
……
な… なーに
いいってことさ
とは言《い》ったものの
どうしよ〜〜〜
オレって
スッゲーバカ
い…
意地《いじ》張《は》っち
まった…
カチ カチ
もう
テスト始《はじ》まって
30分《ぷん》も経《た》ってる
…あと、30分《ぷん》か
カチ カチ
カリ
カリ
カリ
カリ
カリ
こう
なったら…
もう コレに
賭《か》けるしか
ないってばよ

第《だい》10問《もん》
この問題《もんだい》に限《かぎ》っては、試験開始後《しけんかいしご》45分《ふん》
経過《けいか》してから、出題《しゅつだい》されます。
担当教師《たんとうきょうし》の質問《しつもん》を良《よ》く、理解《りかい》した上《うえ》で、
回答《かいとう》して下《くだ》さい。
よし!できた!
あとはこの10問目《もんめ》を待《ま》つだけ
オレの手《て》がよどみなく動《うご》いてる…
念《ねん》のためもう2・3人《にん》コピーして見《み》てみるつもりだったが…
カリ
カリ
いきなりこいつで当《あ》たりだ!
カリ
カリ
…どうやらサクラの手《て》が止《と》まったみたいねー♡
じゃそろそろやらせてもーらお♡

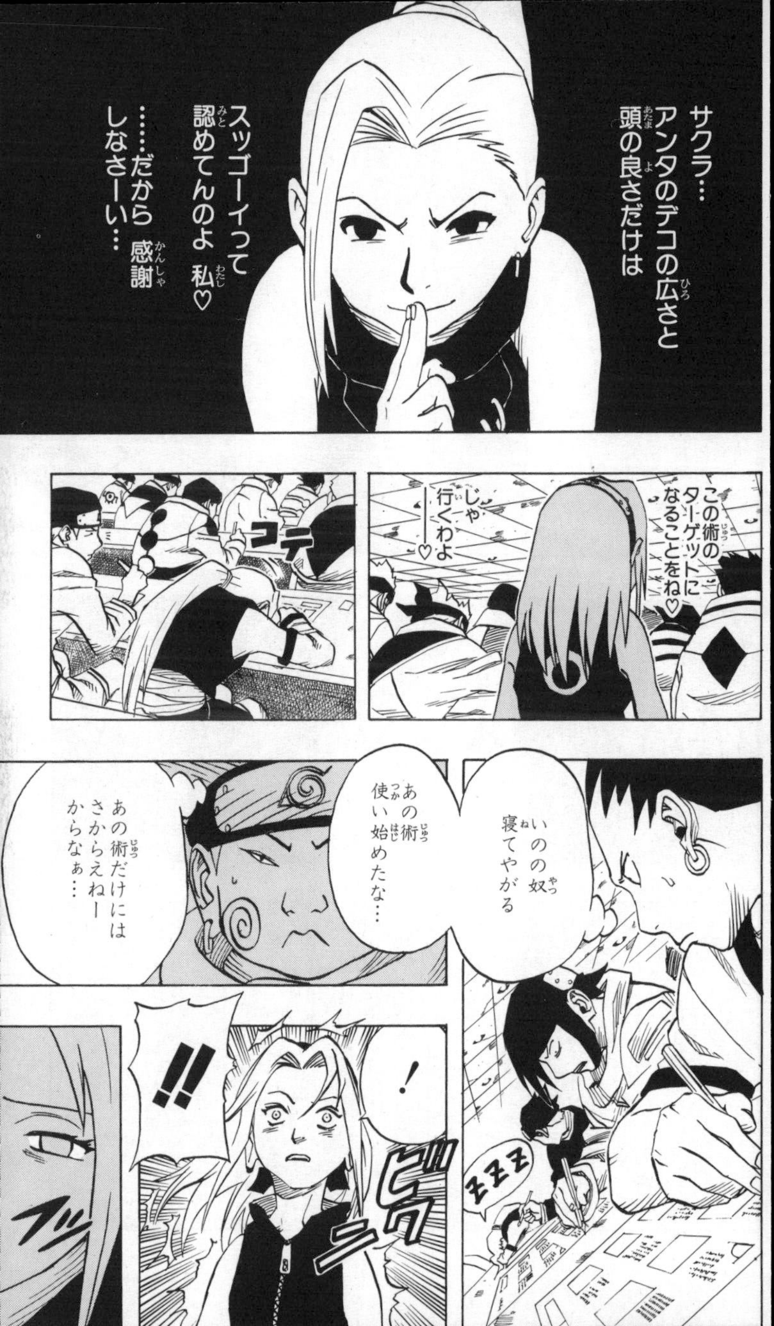
サクラ…
アンタのデコの広《ひろ》さと
頭《あたま》の良《よ》さだけは
スッゴーイって
認《みと》めてんのよ 私《わたし》♡
……だから 感謝《かんしゃ》
しなさーい…
この術《じゅつ》の
ターゲットに
なることをね♡
じゃ
行《い》くわよ
───♡
コテ
いのの奴《やつ》
寝《ね》てやがる
あの術《じゅつ》
使《つか》い始《はじ》めたな…
あの術《じゅつ》だけには
さからえねー
からなぁ…
ZZZ
!
!!
ビクッ

フフフ…
悪《わる》いわね……
サクラ…
ちょっとの間《あいだ》アンタの精神《せいしん》に入《はい》り込《こ》ませてもらったわ――♡
…っと早《はや》く答《こた》え覚《おぼ》えちゃわないとこの術《じゅつ》2～3分《ぷん》が限界《げんかい》なのよね――♡
フム
フム
シカマルとチョウジにも乗《の》り移《うつ》って この答《こた》え写《うつ》したげないといけないし――♡
102番《ばん》立《た》て
失格《しっかく》だ

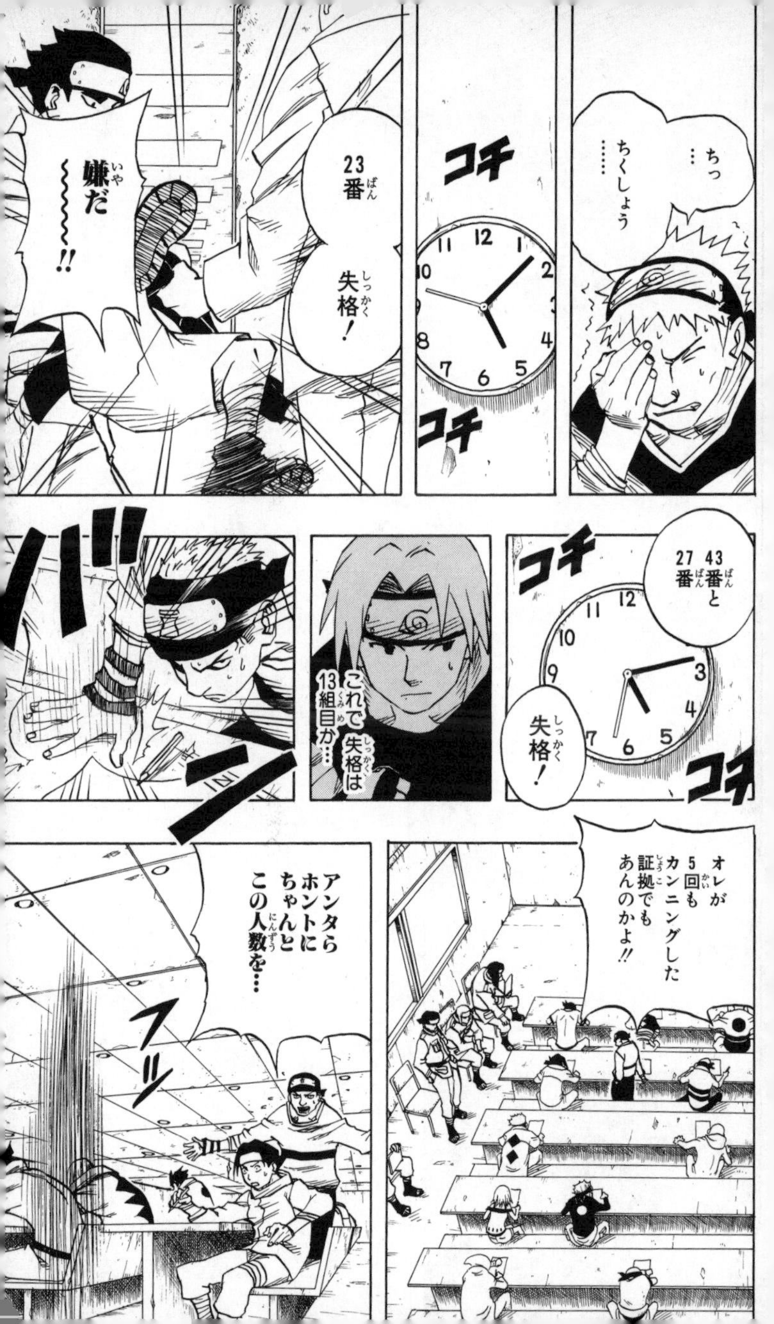
ちっ…
ちくしょう……
コチ
コチ
23番《ばん》
失格《しっかく》!
嫌《いや》だ~~~~!!
43番《ばん》と27番《ばん》
失格《しっかく》!
コチ
コチ
これで失格《しっかく》は13組目《くみめ》か…
バン
オレが5回《かい》もカンニングした証拠《しょうこ》でもあんのかよ!!
アンタらホントにちゃんとこの人数《にんずう》を…
フッ

ドン
ぐっあ!!
ぐっ…
!!!
いいかい…
私達《わたしたち》は 中忍《ちゅうにん》の中《なか》でも
この試験《しけん》の為《ため》に
選《えら》ばれ 編成《へんせい》された
エリートなのだよ
君《きみ》の瞬《まばた》き一つ
見落《みお》としは
しないんだよ
!!
言《い》ってみれば
この強《つよ》さが
証拠《しょうこ》だよ
ゴク……

フン…
あのガキ…
何《なに》かやってるな
……
この騒《さわ》ぎに
眉《まゆ》一《ひと》つ動《うご》かさず
冷静《れいせい》に事《こと》を
運《はこ》ぶか…
スッ
………
新米《しんまい》にしちゃ
上出来《じょうでき》だ…
サラー
サララ…
ドドー

視《し》神《しん》経《けい》はつながった……
第《だい》三《さん》の眼《め》開《かい》眼《がん》!!

グチュ!
ザララ
ファ…
ファ
うっ
目《め》にゴミが…
ちくしょう…!
スウー

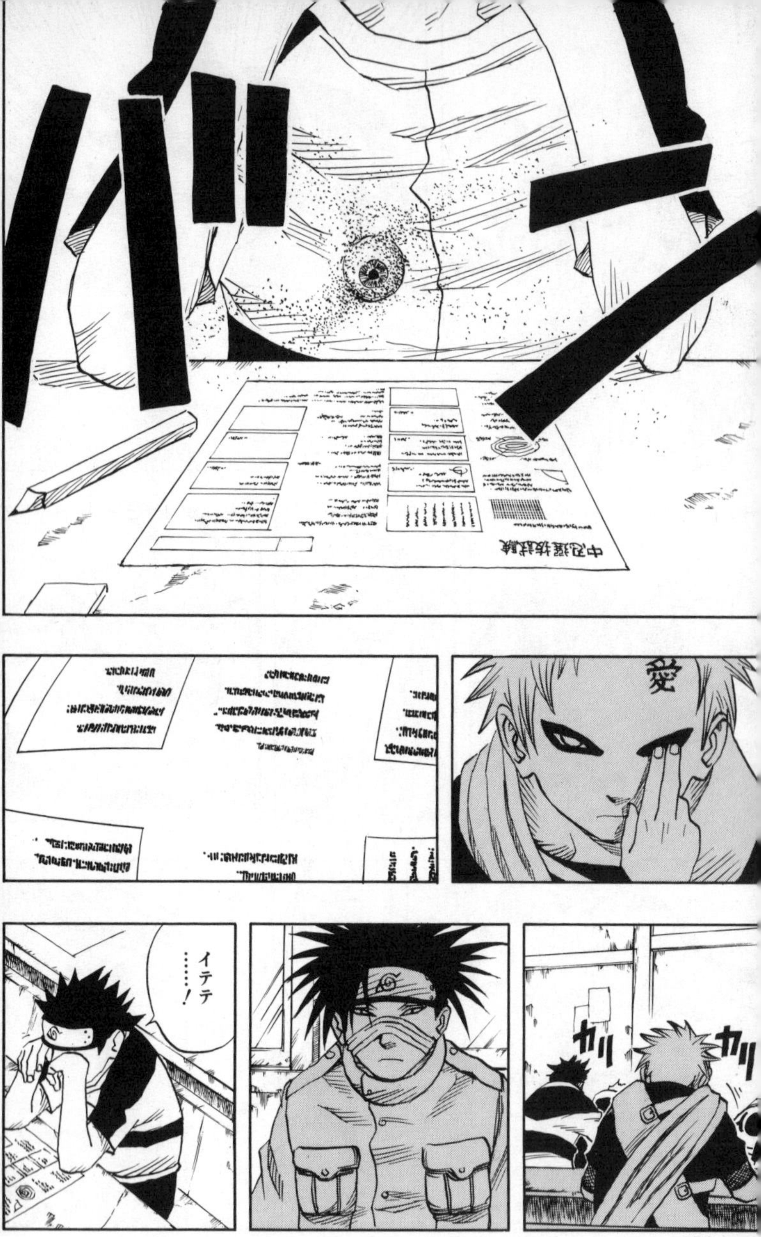
中忍選抜試験
愛
カリ
カリ
イテテ……！

すいません
何《なん》だ？
ちょっとトイレに…
トイレは オレ達《たち》が付《つ》き添《そ》うことになってる
なるほどね………
愛
便所
それにしても大《たい》した奴《やつ》らじゃねえじゃん！試験官《しけんかん》ってのもよ……

ポロ
ポロ
一人《ひとり》試験官《しけんかん》が増《ふ》えてることにも気付《きづ》かねえんじゃな…
なぁ そう思《おも》わねーか……
カラスよ…
ブル
フ～～～……
……さーて じゃあ1問目《もんめ》の答《こた》えから教《おし》えてもらおーか…
フフフ…
ブル
フフフ… 愚図《グズ》は あらかた落《お》とし終《お》えたな…
それじゃ本題《ほんだい》を…
45分《ふん》経《た》ったし始《はじ》めるか
よし！
これから第《だい》10問目《もんめ》を出題《しゅつだい》する…
ドキーン!!
来《き》た!!

《ナンバー》43：第《だい》10問《もん》目《め》…!!

……!!
グッ
これに賭《か》けるしかないってばよ！
フン…もったいぶりやがって…
いよいよ最後《さいご》の山《やま》ね…
早《はや》く帰《かえ》ってきやがれカンクロウ
10問目《もんめ》始《はじ》まる前《まえ》にカンペをもらう手《て》はずなのに……!!
…とその前《まえ》に一つ最終問題《さいしゅうもんだい》についての
ちょっとしたルールの追加《ついか》をさせてもらう
!!?

ギィ
フ……
強運《きょううん》だな
!?
お人形遊《にんぎょうあそ》びがムダにならずにすんだなァ…?
コイツ…カラスを見破《みやぶ》ってやがる
まあいい座《すわ》れ
ズッ
では説明《せつめい》しよう
クル
これは…
絶望的《ぜつぼうてき》なルールだ

ま
しかし…
人生色々
部下達《ぶかたち》がいないとなるとヒマになるねェ～
任務《にんむ》お預《あず》け!
なに…すぐ忙《いそが》しくなるに決《き》まってる
何《なん》で?
今年《ことし》の第一《だいいち》の試験官《しけんかん》あの森乃《もりの》イビキだそうだ
………
よりにもよってあのサディストか…
!
サディスト?
こりゃ第一《だいいち》の試験《しけん》も危《あや》ういな…クソ…
紅《くれない》…お前《まえ》は新米上忍《しんまいじょうにん》だから知《し》らねーのも無理《むり》はねー…

……
いったい何者《なにもの》なの？
プロだよプロ…
プロ？……
何《なん》の…
ジジ
拷問《ごうもん》と尋問《じんもん》！
……！
え？
木《こ》ノ葉《は》暗部《あんぶ》拷問《ごうもん》・尋問《じんもん》部隊《ぶたい》隊長《たいちょう》…
特別上忍《とくべつじょうにん》森乃《もりの》イビキ！

まぁ 試験《しけん》に…肉体的《にくたいてき》な拷問《ごうもん》はないにしても…
尋問《じんもん》のスキルをいかした精神的《せいしんてき》な〃苦《くる》しめ〃を強《し》いられているに違《ちが》いない…
絶望的《ぜつぼうてき》なルール…!?
ゴクリ
まず…お前《まえ》らにはこの第《だい》10問目《もんめ》の試験《しけん》を…
〃受《う》けるか〃〃受《う》けないか〃のどちらかを選《えら》んでもらう!!
受《う》けるか受《う》けないかを選《えら》ぶ…?
え…選《えら》ぶって…!
もし10問目《もんめ》の問題《もんだい》を受《う》けなかったらどうなるの!?

〝受《う》けない〟を選《えら》べばその時点《じてん》でその者《もの》の持《も》ち点《てん》は0《ゼロ》となる…
つまり失格《しっかく》！
もちろん同班《どうはん》の2名《めい》も道連《みちづ》れ失格《しっかく》だ
ど…どういうことだ!?
そんなの〝受《う》ける〟を選《えら》ぶに決《き》まってるじゃない!!
…そして…もう一つのルール
！
まだあるの…いい加減《かげん》にしてよ!!
〝受《う》ける〟を選《えら》び…
正解《せいかい》できなかった場合《ばあい》――
……その者《もの》については今後《こんご》永久《えいきゅう》に中忍《ちゅうにん》試験《しけん》の受験《じゅけん》資格《しかく》をはく奪《だつ》する!!
!!

そ…そんなバカなルールがあるかぁ!!
ワン
現《げん》にここには中忍試験《ちゅうにんしけん》を何度《なんど》か受験《じゅけん》している奴《やつ》だっているはずだ!!
クク…
クククッ
!!
……
運《うん》が悪《わる》いんだよ…お前《まえ》らは……
今年《ことし》は・・・このオレがルールだ
その代《か》わり引《ひ》き返《かえ》す道《みち》も与《あた》えてるじゃねーか…
え?
自信《じしん》のない奴《やつ》は大人《おとな》しく〝受《う》けない〟を選《えら》んで…
来年《らいねん》も再来年《さらいねん》も受験《じゅけん》したらいい

ああ〜〜〜 何《なん》てことォ〜〜〜!!
……!! つまり 3人《にん》の内《うち》 一人《ひとり》でも〝受《う》けない〟を選《えら》べば 3人《にん》とも道連《みちづ》れ不合格《ふごうかく》…
〝受《う》ける〟を選《えら》んで もし正解《せいかい》できなければ——
その人《ひと》は一生《いっしょう》下忍《げにん》のまま…!
どっちに転《ころ》んでも分《ぶ》が悪《わる》い!
こんなの普通《ふつう》の神経《しんけい》じゃ選《えら》べないわよ!!
グッ
……この第《だい》10問目《もんめ》
では始《はじ》めよう

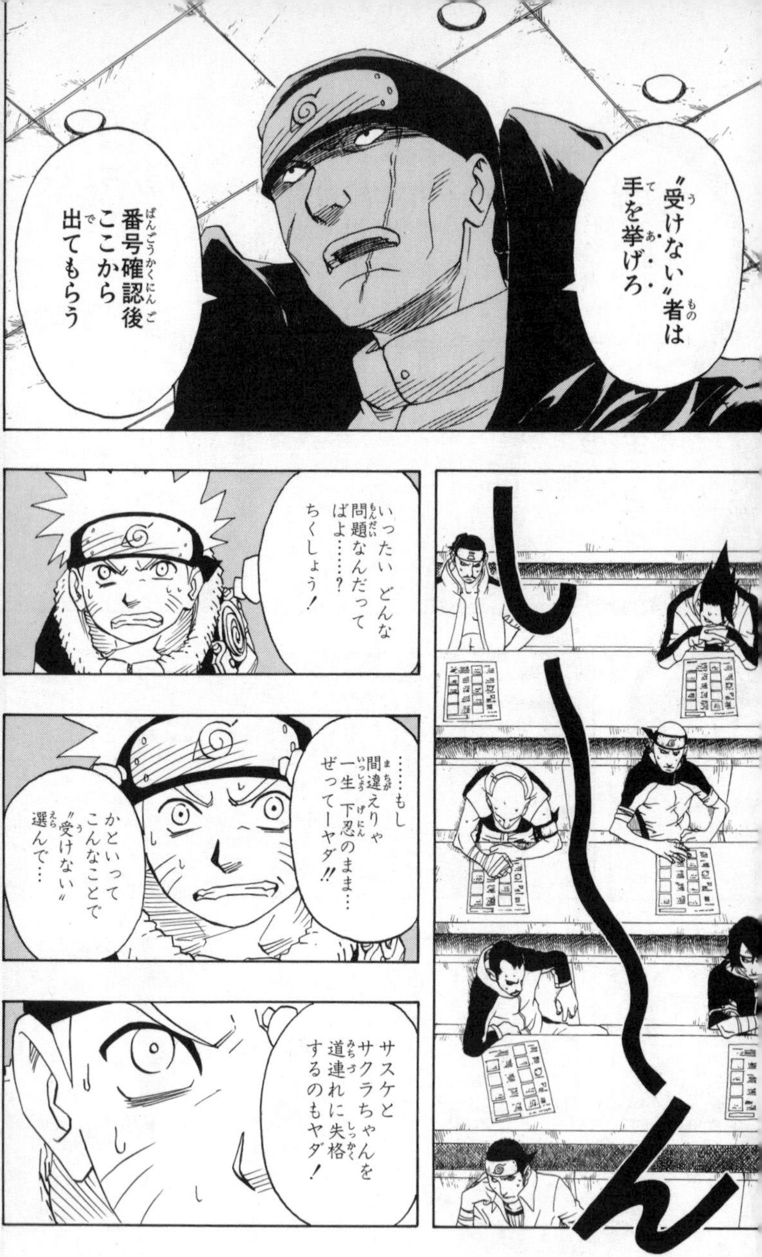
〝受《う》けない〟者《もの》は手《て》を挙《あ》げろ
番号確認後《ばんごうかくにんご》ここから出《で》てもらう
し〜〜ん
いったいどんな問題《もんだい》なんだってばよ……？ちくしょう！
……もし間違《まちが》えりゃ一生《いっしょう》下忍《げにん》のまま…ぜってーヤダ!!
かといってこんなことで〝受《う》けない〟選《えら》んで…
サスケとサクラちゃんを道連《みちづ》れに失格《しっかく》するのもヤダ！

私《わたし》は 手《て》を挙《あ》げない！
〝受《う》ける〟を選《えら》んでも 正解《せいかい》する自信《じしん》があるから…
たとえナルトのせいで道連《みちづ》れ不合格《ふごうかく》になっても
私《わたし》は 10問目《もんめ》を間違《まちが》った訳《わけ》じゃないから次《つぎ》も受験《じゅけん》できるし……
……でも…
でも ナルト… アンタは別《べつ》
私《わたし》たちの存在《そんざい》を無視《むし》してでもここは 大人《おとな》しく引《ひ》いて次《つぎ》の機会《きかい》を考《かんが》えるべきだわ
スッ……
オ…オレはっ……
……
！
ガタ
やめる！〝受《う》けない〟ッ!!

す…すまない…!!
源内《げんない》!!イナホ!!
!
50番《ばん》
失格《しっかく》
130番《ばん》!111番《ばん》!
道連《みちづ》れ失格《しっかく》
ガタ..
ガタ..
ちくしょう……
……
……
お…オレもだッ!!
わ…私《わたし》も…
オレもやめる!!
す…すまないみんな!!
ザッ
わ…わたしも…

…ナルト…
何《なん》で手《て》を挙《あ》げないのよ…
……………
アイツ…
やったあああってばよォ!!!
オレ忍者《にんじゃ》! 忍者《にんじゃ》!! 忍者《にんじゃ》!!!
うずまきナルトという
覚《おぼ》えとけ!
いずれ火影《ほかげ》の名《な》を語《かた》る超《ちょう》エリート忍者《にんじゃ》!
…名《な》を
だーうっさい!!
火影《ほかげ》になるためにオレってばどんな努力《どりょく》もする覚悟《かくご》だってーの!!
火影《ほかげ》を超《こ》すンでもって
里《さと》の奴《やつ》ら全員《ぜんいん》にオレの存在《そんざい》を認《みと》めさせてやるんだ!!

…いっつも いっつも 馬鹿《ばか》の一つ覚《おぼ》え みたいに…
火影《ほかげ》 火影《ほかげ》って…
悪《わる》いわね… ナルト… 私《わたし》… アンタのその 叶《かな》いそうもない夢《ゆめ》…
つぶさせたくない みたい!!
スッ

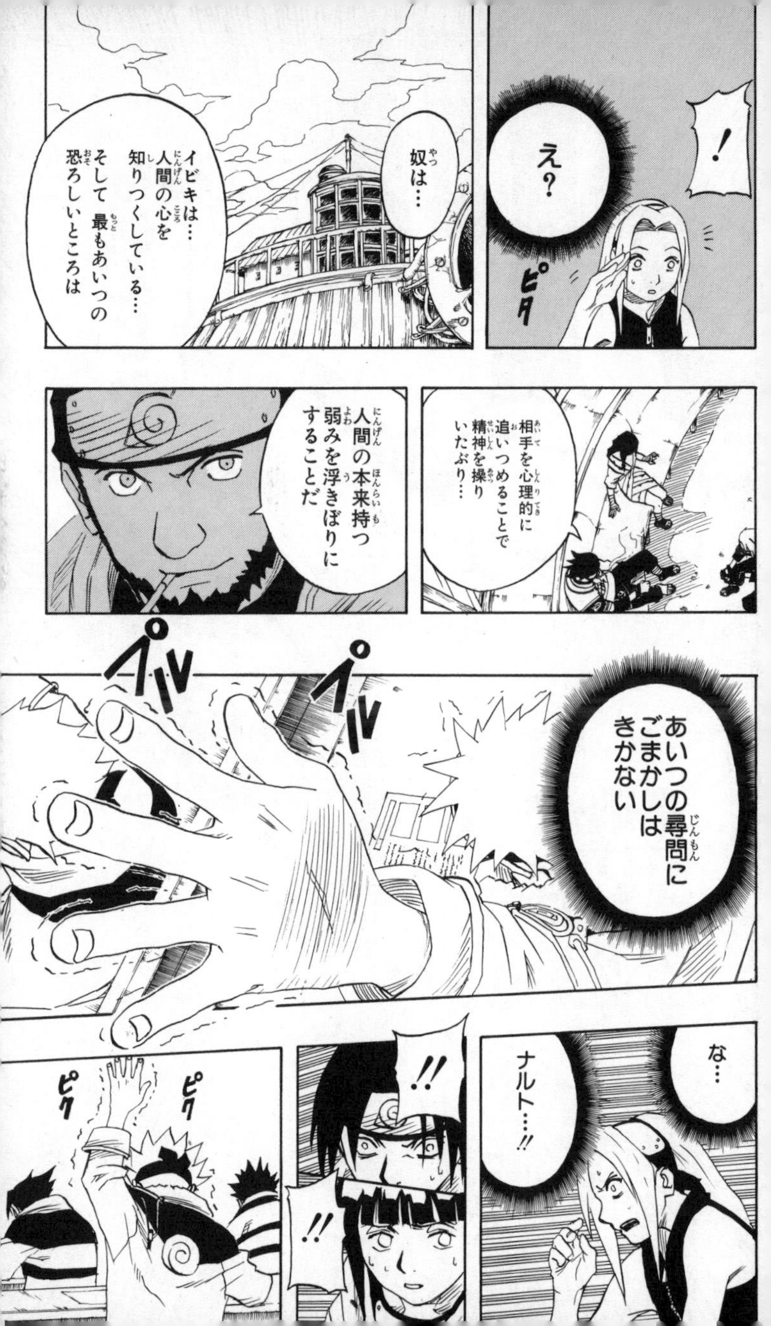
!
え?
ピタ
奴《やつ》は…
イビキは… 人間《にんげん》の心《こころ》を 知《し》りつくしている… そして 最《もっと》もあいつの 恐《おそ》ろしいところは
相手《あいて》を心理的《しんりてき》に 追《お》いつめることで 精神《せいしん》を操《あやつ》り いたぶり…
人間《にんげん》の本来《ほんらい》持《も》つ 弱《よわ》みを浮《う》きぼりに することだ
あいつの尋問《じんもん》に ごまかしは きかない
プル
プル
な…
ナルト…!!
!!
!!
ピク
ピク

なめんじゃねー!!!
オレは逃《に》げねーぞ!!

受《う》けてやる!!
もし一生《いっしょう》下忍《げにん》になったって…
意地《いじ》でも火影《ほかげ》になってやるから別《べつ》にいいってばよ!!!
怖《こわ》くなんかねーぞ!!
……
あいつオレ達《たち》の事《こと》なんかまったく考《かんが》えてなかったか
いい根性《こんじょう》してやがる
…そうよね…
アンタ そーいう大《おお》バカだもんね……

もう一度《ど》訊《き》く……
人生《じんせい》を賭《か》けた選択《せんたく》だ
やめるなら今《いま》だぞ
まっすぐ自分《じぶん》の言葉《ことば》は曲《ま》げねえ…
オレの…忍道《にんどう》だ!!
フン…面白《おもしろ》いガキだ…
こいつらの不安《ふあん》をあっという間《ま》に蹴散《けち》らしやがった……
……78名《めい》か……
…予想《よそう》以上《いじょう》に残《のこ》ったが。

これ以上《いじょう》粘《ねば》っても……
同《おな》じだな…
コク
コク
いい〝決意《けつい》〟だ
では…ここに残《のこ》った全員《ぜんいん》に…
ゴクッ
〝第一《だいいち》の試験《しけん》〟合格《ごうかく》を申《もう》し渡《わた》す!!!
!!
はあ!!!?

●友人《ゆうじん》が描《か》いてくれたNARUTO《ナルト》です。

44：
試《ため》された資質《モノ》…!!

ここに残《のこ》った78名全員《めいぜんいん》に…
第一《だいいち》の試験《しけん》合格《ごうかく》を申《もう》し渡《わた》す！
!!!
……………
ちょ…ちょっとどういうことですか!?
いきなり合格《ごうかく》なんて！
10問目《もんめ》の問題《もんだい》は!?

そんなものは初《はじ》めから無《な》いよ
…言《い》ってみれば・・・・さっきの2択《たく》が10問目《もんめ》だな
え!!?
!
ちょっと…! じゃあ今《いま》までの前《まえ》9問《もん》は何《なん》だったんだ…!?
まるで無駄《むだ》じゃない!
……無駄《むだ》じゃないぞ
9問目《もんめ》までの問題《もんだい》はもうすでに その目的《もくてき》を遂《と》げていたんだからな…
!
ん…
君達《きみたち》個人《こじん》個人《こじん》の情報収集能力《じょうほうしゅうしゅうのうりょく》を試《ため》すという
目的《もくてき》をな!
?
なんかキャラ変《か》わったわね…
……情報収集《じょうほうしゅうしゅう》能力《のうりょく》?

まず…このテストのポイントは最初《さいしょ》のルールで提示《ていじ》した
〝常《つね》に三人《にん》一組《くみ》で合否《ごうひ》を判定《はんてい》する〟というシステムにある
それによってキミらに〝仲間《なかま》の足《あし》を引《ひ》っ張《ぱ》ってしまう〟という
想像《そうぞう》を絶《ぜっ》するプレッシャーを与《あた》えたわけだ……
ウムなるほどなるほど
なんとなくそんな気《き》がしてたんだってばよこのテスト！
うそつけ！
うん！
フフフ…
しかし…このテスト問題《もんだい》は君達下忍《きみたちげにん》レベルで解《と》けるものじゃない……
…当然《とうぜん》そうなってくるとだな…
会場《かいじょう》のほとんどの者《もの》はこう結論《けつろん》したと思《おも》う
〝点《てん》を取《と》る為《ため》にはカンニングしかない〟と…

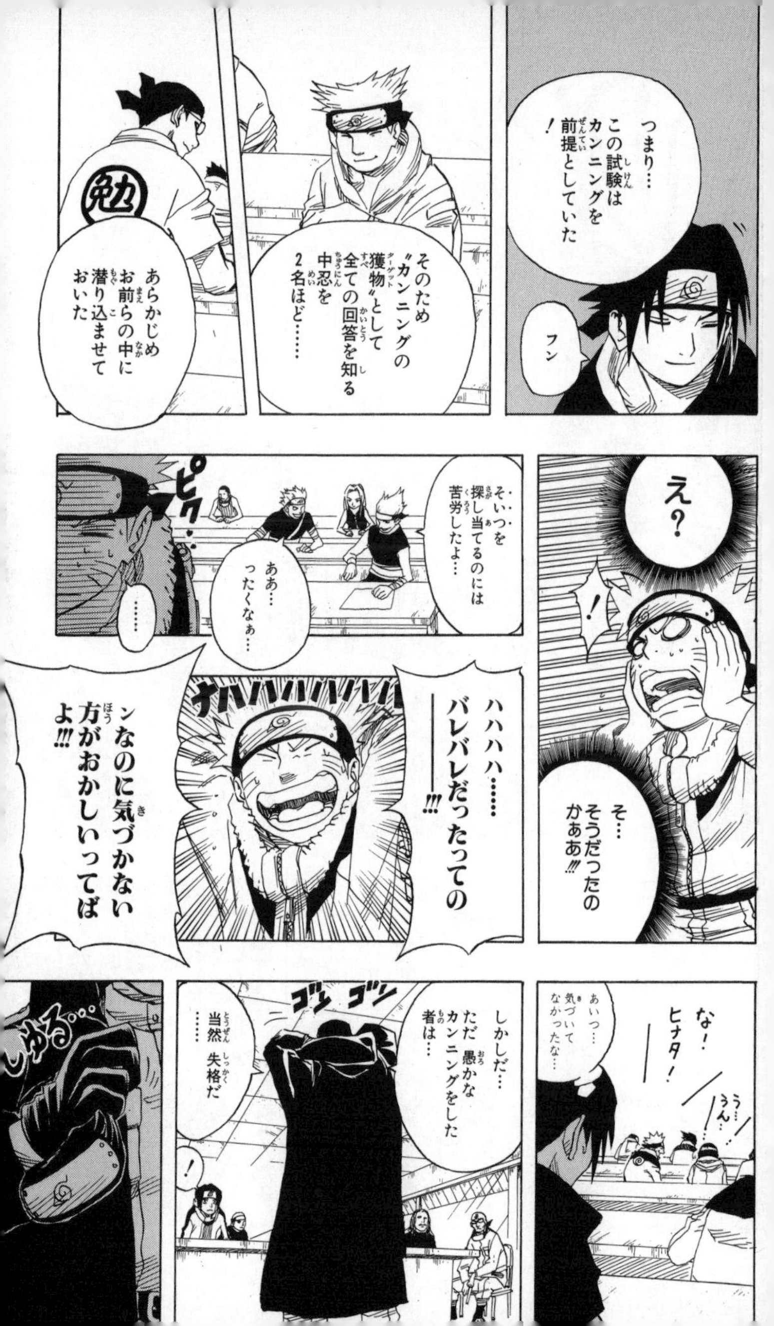
つまり…この試験《しけん》はカンニングを前提《ぜんてい》としていた！
フン
そのため“カンニングの獲物《ターゲット》”として全《すべ》ての回答《かいとう》を知《し》る中忍《ちゅうにん》を2名《めい》ほど……
あらかじめお前《まえ》らの中《なか》に潜《もぐ》り込《こ》ませておいた
え？
！
そ…そうだったのかああ!!!
そいつを探《さが》し当《あ》てるのには苦労《くろう》したよ…
ああ…ったくなぁ…
ピク
……
ナハハハハハハハ
ハハハハ……バレバレだったってのーー!!!
ンなのに気《き》づかない方《ほう》がおかしいってばよ!!!
な！ヒナタ！
う…うん…
あいつ…気《き》づいてなかったな…
ゴッ ゴッ
しかしだ…ただ愚《おろ》かなカンニングをした者《もの》は…
当然《とうぜん》失格《しっかく》だ……
！
しゅる。。。

なぜなら…情報《じょうほう》とは
その時々《ときどき》において
命《いのち》よりも重《おも》い価値《かち》を
発《はっ》し
任務《にんむ》や戦場《せんじょう》では
常《つね》に命《いのち》がけで
奪《うば》い合《あ》われるものだ
からだ…
……ひでえ…!!
火傷《やけど》にネジ穴《あな》
…切り傷《きず》……
拷問《ごうもん》の跡《あと》だ…!
ゴク…
……!
ゴク…
クク… 手袋《てぶくろ》の下《した》は
もっとひどいん
だろーな…
ま… ボクだったら
捕虜《ほりょ》になるような
ヘマは
しないけどね…

………
敵《てき》や第《だい》三者《しゃ》に
気《き》づかれてしまって
得《え》た情報《じょうほう》は
ゴンゴン
〝すでに正《ただ》しい
情報《じょうほう》とは限《かぎ》らない〟
のだ…
これだけは
覚《おぼ》えておいて
欲《ほ》しい!!
誤《あやま》った
情報《じょうほう》を
握《にぎ》らされることは
仲間《なかま》や里《さと》に…
壊滅的《かいめつてき》打撃《だげき》を
与《あた》える!!
その意味《いみ》で
我々《われわれ》は　キミらに…
カンニングという
情報収集《じょうほうしゅうしゅう》を
余儀《よぎ》なくさせ
それが　明《あき》らかに
劣《おと》っていた者《もの》を
選別《せんべつ》した…
というわけだ
………
でも…　なんか
最後《さいご》の問題《もんだい》だけは
納得《なっとく》いかないん
だけど……
ギュ!

しかし…この10問目《もんめ》こそが…
この第一《だいいち》の試験《しけん》の本題《ほんだい》だったんだよ
？
………
いったい…どういうことですか？
説明《せつめい》しよう…
――10問目《もんめ》は………
"受《う》けるか" "受《う》けないか"の選択《せんたく》
言《い》うまでもなく…苦痛《くつう》を強《し》いられる2択《たく》だ
"受《う》けない"者《もの》は班員共々《はんいんともども》即失格《そくしっかく》…"受《う》ける"を選《えら》び問題《もんだい》に答《こた》えられなかった者《もの》は
"永遠《えいえん》に受験資格《じゅけんしかく》を奪《うば》われる"
実《じつ》に 不誠実《ふせいじつ》極《きわ》まりない問題《もんだい》だ……

……
じゃあ… こんな2択《たく》は どうかな…
キミたちが 仮《かり》に 中忍《ちゅうにん》に なったとしよう ……
任務内容《にんむないよう》は 秘密文書《ひみつぶんしょ》の奪取《だっしゅ》…
敵方《てきがた》の忍者《にんじゃ》の 人数《にんずう》・能力《のうりょく》・ その他《た》 軍備《ぐんび》の有無《うむ》 一切不明《いっさいふめい》
さらには 敵《てき》の張《は》り巡《めぐ》らした 罠《わな》という名《な》の 落《お》とし穴《あな》が あるかもしれない ……
さぁ…… 〝受《う》ける〟か? 〝受《う》けない〟か?
命《いのち》が惜《お》しいから …… 仲間《なかま》が危険《きけん》に さらされる から……
危険《きけん》な 任務《にんむ》は避《さ》けて 通《とお》れるのか?
……
答《こた》えは ノーだ!

どんなに危険《きけん》な賭《か》けであっても
おりることのできない任務《にんむ》もある
ここ一番《いちばん》で仲間《なかま》に勇気《ゆうき》を示《しめ》し……
苦境《くきょう》を突破《とっぱ》していく能力《のうりょく》
これが中忍《ちゅうにん》という部隊長《ぶたいちょう》に求《もと》められる資質《ししつ》だ！
いざという時《とき》自《みずか》らの運命《うんめい》を賭《と》せない者《もの》
〝来年《らいねん》があるさ〟と不確定《ふかくてい》な未来《みらい》と引《ひ》き換《か》えに心《こころ》を揺《ゆ》るがせ…
チャンスを諦《あきら》めて行《い》く者《もの》
そんな密度《みつど》の薄《うす》い決意《けつい》しか持《も》たない愚図《グズ》に
中忍《ちゅうにん》になる資格《しかく》などない と
オレは考《かんが》える!!

"受《う》ける"を選《えら》んだ君達《きみたち》は——
なめんじゃねー!!!
オレは逃《に》げね
ドキ
ドキ
難解《なんかい》な"第《だい》10問《もん》"の正解者《せいかいしゃ》だと言《い》っていい!
これから出会《であ》うであろう困難《こんなん》にも立《た》ち向《む》かっていけるだろう…
入口《いりぐち》は突破《とっぱ》した…「中忍選抜《ちゅうにんせんばつ》第一《だいいち》の試験《しけん》」は終了《しゅうりょう》だ
キミたちの健闘《けんとう》を祈《いの》る!
おっしゃ——!!祈《いの》っててー!!
フフ…
面白《おもしろ》い奴《やつ》だ…

!!
なっ…！
!!

ズズズズ
ガッ
な…
なんだぁ!!!
ザッ
フ――…
こいつだけは
まったく!
フー

ドン
第2試験官
アンコ
アンタ達《たち》よろこんでる場合《ばあい》じゃないわよ!!!

私《わたし》は第《だい》2試験官《しけんかん》!
みたらしアンコ!!
次《つぎ》行《い》くわよ次《つぎ》イ!!!
ついてらっしゃい!!!
し〜〜ん
…!?
ボソ
空気《くうき》読《よ》め…
ピク
何《なん》かナルトっぽいわね……
この試験官《しけんかん》…
…………

78人《にん》…!?
イビキ！
26チームも
残《のこ》したの!?
今回《こんかい》の
第一《だいいち》の試験《しけん》…
甘《あま》かったのね！
今回《こんかい》は…
優秀《ゆうしゅう》そう
なのが
多《おお》くてな
フン！
まあ いいわ
……
次《つぎ》の「第二《だいに》の試験《しけん》」で
半分以下《はんぶんいか》にして
やるわよ!!
!!
は…
半分以下《はんぶんいか》
に……
してやる
……!?
ああ〜〜
ゾクゾク
するわ！
詳《くわ》しい説明《せつめい》は
場所《ばしょ》を移《うつ》して
やるから
ついてらっしゃい!!

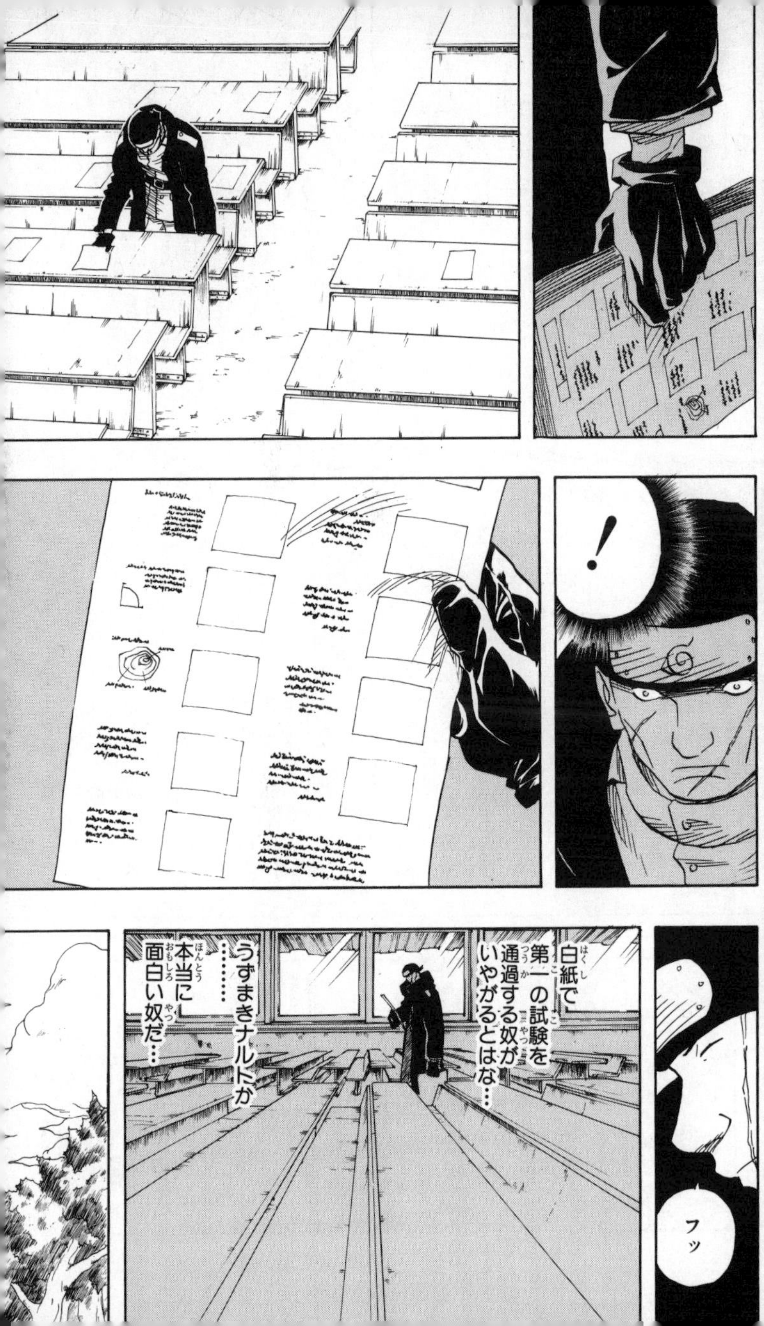
!
フッ
白紙《はくし》で第一の試験《ここ》を通過《つうか》する奴《やつ》がいやがるとはな…
うずまきナルトか……
本当《ほんとう》に面白《おもしろ》い奴《やつ》だ…

ゴク…
立入り禁止区域

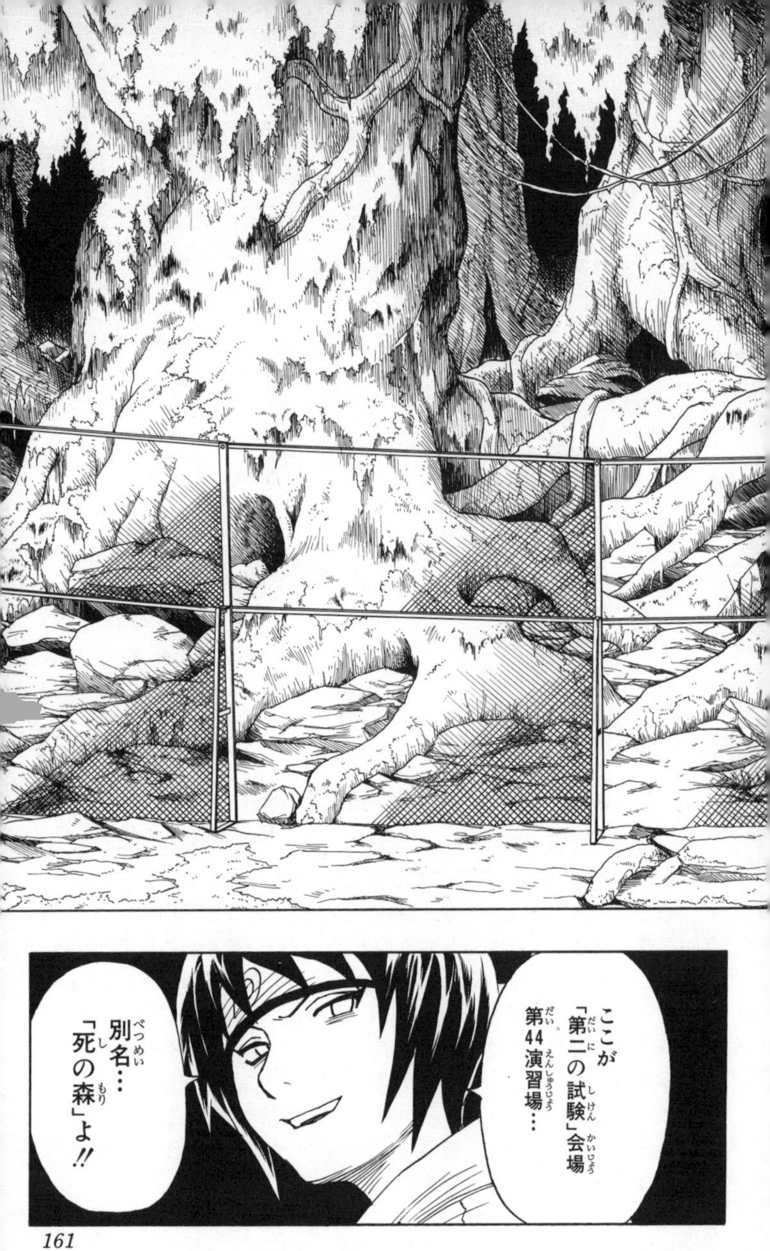
ここが「第二《だいに》の試験《しけん》」会場《かいじょう》
第《だい》44演習場《えんしゅうじょう》…
別名《べつめい》…「死《し》の森《もり》」よ!!

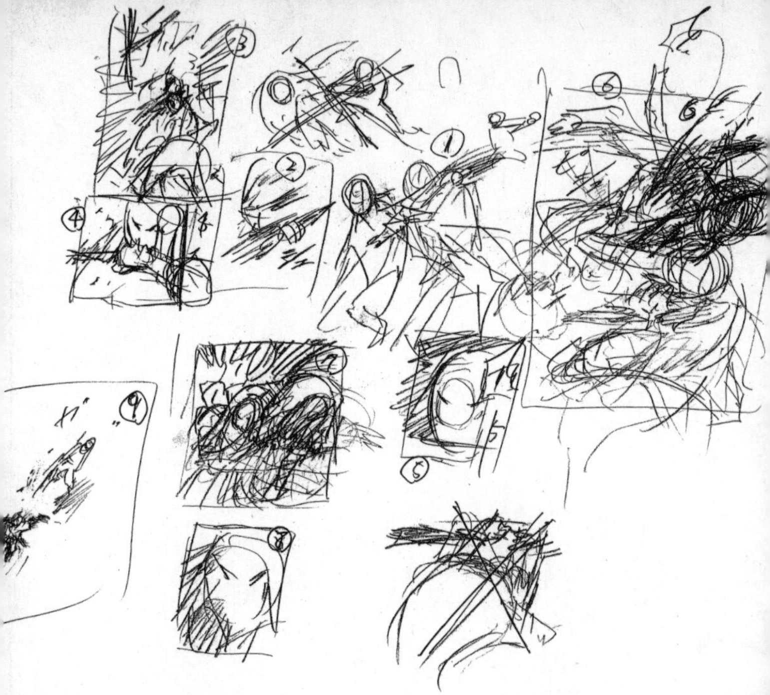

[岸本斉史《きしもとまさし》の マンガへのこだわりっぽく思《おも》わせたいボツコーナー2]

この上《うえ》のきたないラフカットはアクションの一連《いちれん》の流《なが》れを描《か》きなぐったものです。NARUTO《ナルト》でのアクションは流《なが》れを意識《いしき》してやっているので、アクションを考《かんが》える時《とき》、必《かなら》ずA《エー》3のコピー用紙《ようし》にいったんアクションの流《なが》れを描《か》きおこします。ページ数《すう》をある程度《ていど》、頭《あたま》に入《い》れといて、コマにとらわれずにカッコイイ構図《こうず》やカメラの位置《いち》などを決《き》めながら、どんどん描《か》いていきます。それからアクションの流《なが》れの順《じゅん》に番号《ばんごう》をつけていき、ポイントになるシーンを決《き》めて、それがちょうど見開《みひら》きになるよう調節《ちょうせつ》したりして、やっと番号《ばんごう》を当《あ》ててコマ割《わ》りをしていきます。いつもページ数内《すうない》に収《おさ》まりきらないぐらいアクションの流《なが》れを描《か》いてしまい、泣《な》く泣《な》くいいシーンを削《けず》るしかないこともしばしばです。

…なるほど…NARUTO《ナルト》のネームが遅《おそ》いわけがここにあったとは！　んー、またしても気付《きづ》かなかったなぁ…。

45：第《だい》二《に》の試《し》験《けん》!!
………
………
何《なん》か 薄気味《うすきみ》悪《わる》いところね…
フフ…

ここが“死《し》の森《もり》”と呼《よ》ばれる所以《ゆえん》
すぐ　実感《じっかん》することになるわ
「死《し》の森《もり》と呼《よ》ばれる所以《ゆえん》」
「すぐ実感《じっかん》することになるわ」
な――――んておどしても
ぜんっぜんへーき！怖《こわ》くないってばよ！
そう…
君《きみ》は元気《げんき》がいいのね

!
カッ
ヒラ
!!
アンタみたいな子《こ》が真《ま》っ先《さき》に死《し》ぬのよねェ フフフ…
レロ…
ツー
私《わたし》の好《す》きな赤《あか》い血《ち》ぶちまいてね♡
!!

クナイ…
お返《かえ》しします
わ…
スッ
わざわざ
ありがと

ピィーーー…
ピク
でもね…
殺気《さっき》を込《こ》めて……
私《わたし》の後《うし》ろに立《た》たないで
早死《はやじ》にしたくなければね…
パシ
いえね…
赤《あか》い血《ち》を見《み》ると
つい ウズいちゃう
性質《たち》でして
…それに
私《わたし》の大切《たいせつ》な髪《かみ》を
切《き》られたんで
興奮《こうふん》しちゃって…
………
ナルト君《くん》……
しゅるる
な…何《なに》よ
この試験官《しけんかん》…
はっきり言《い》って
ヤバい!

そ…
それに
こいつも…
悪《わる》かった
わね
アイツ
なんで あんなに
舌長《したなが》いんだ?
どうやら 今回《こんかい》は
血《ち》の気《け》の多《おお》い
奴《やつ》が集《あつ》まった
みたいね…
フフ…
楽《たの》しみだわ…
ニヤ
アンタが一番《ばん》
血《ち》の気《け》が
多《おお》いってばよ!
それじゃ
第二《だいに》の試験《しけん》を
始《はじ》める前《まえ》に
アンタらに
これを配《くば》って
おくね!
同意書

?
!
同意書《どういしょ》よ これに サインを してもらうわ
…何《なん》だ?
…こっから先《さき》は 死人《しにん》も出《で》るから
それについて 同意《どうい》をとっとか ないとね!
私《わたし》の責任《せきにん》に なっちゃう からさ~~~♡
まず 第二《だいに》の試験《しけん》の 説明《せつめい》をするから
その説明後《せつめいご》に これにサインして
班《はん》ごとに 後《うし》ろの小屋《こや》に行《い》って 提出《ていしゅつ》してね

じゃ!
第二《だいに》の試験《しけん》の説明《せつめい》を始《はじ》めるわ
早《はや》い話《はなし》ここでは―――
極限《きょくげん》のサバイバルに挑《いど》んでもらうわ
!
サバイバルかよ
またクソめんどくせー試験《しけん》だな!
スッ
まず この演習場《えんしゅうじょう》の地形《ちけい》から
順《じゅん》を追《お》って説明《せつめい》するわ
しゅる
この第《だい》44演習場《えんしゅうじょう》は……
カギのかかった44個《こ》のゲート入口《いりぐち》に円状《えんじょう》に囲《かこ》まれてて
44個《こ》のゲート入口《いりぐち》
川《かわ》
約《やく》10km
塔《とう》
第《だい》44演習場《えんしゅうじょう》
第《だい》43演習場《えんしゅうじょう》
川《かわ》と森《もり》…中央《ちゅうおう》には塔《とう》がある
その塔《とう》からゲートまでは約《やく》10km《キロメートル》…

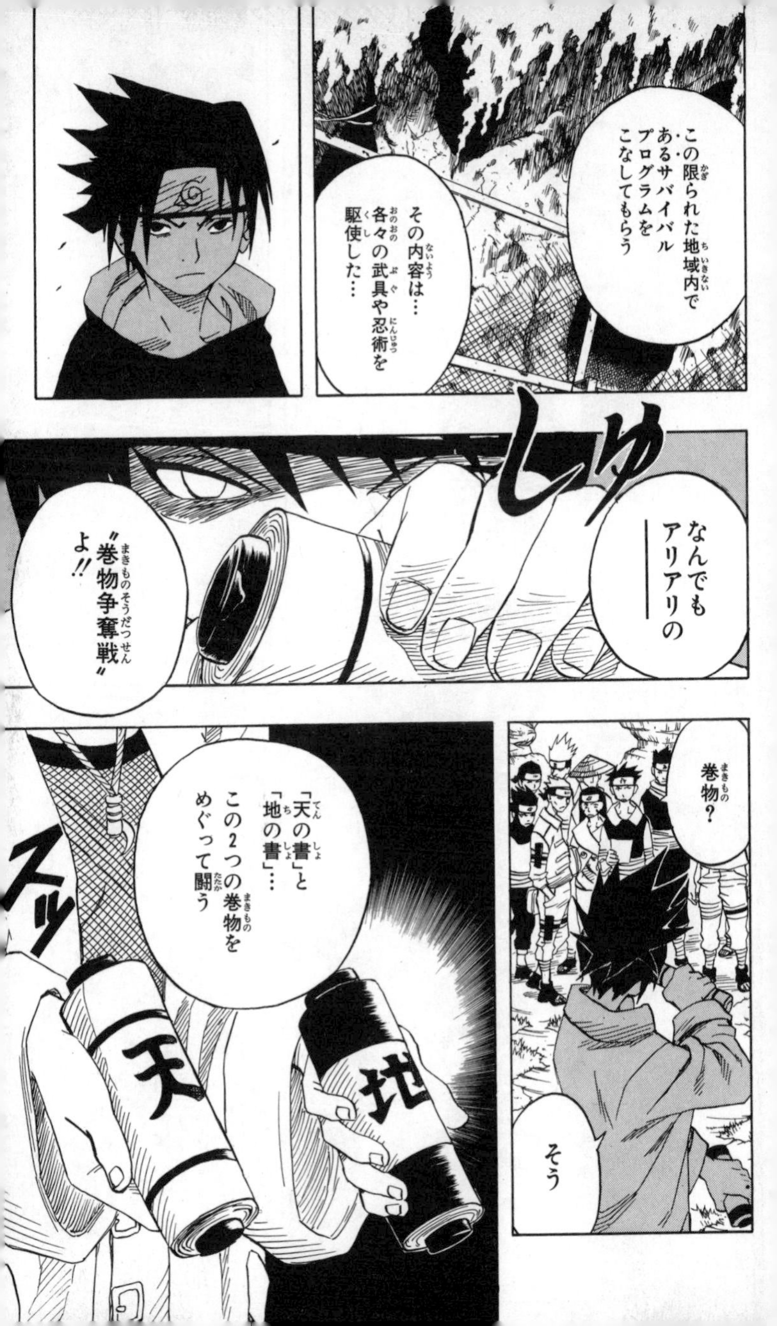
この限《かぎ》られた地域内《ちいきない》で あるサバイバル プログラムを こなしてもらう
その内容《ないよう》は… 各々《おのおの》の武具《ぶぐ》や忍術《にんじゅつ》を 駆使《くし》した…
なんでも アリアリの ――
しゅ
〝巻物争奪戦《まきものそうだつせん》〟よ!!
巻物《まきもの》？
そう
「天《てん》の書《しょ》」と 「地《ち》の書《しょ》」… この2つの巻物《まきもの》を めぐって闘《たたか》う
スッ
天
地

ここには78人《にん》
つまり26チームが存在《そんざい》する
天
その半分《はんぶん》13チームには「天《てん》の書《しょ》」
地
もう半分《はんぶん》の13チームには「地《ち》の書《しょ》」を——
それぞれ1チームひと巻《まき》ずつ渡《わた》す
そして この試験《しけん》の合格条件《ごうかくじょうけん》は…
天地両方《てんちりょうほう》の書《しょ》を持《も》って
中央《ちゅうおう》の塔《とう》まで3人《にん》で来《く》ること

つまり巻物《まきもの》を取《と》られた13チーム
半分《はんぶん》が確実《かくじつ》に落《お》ちるってことね…
この第二試験《だいにしけん》期限《きげん》は120時間《じかん》
ちょうど5日間《かかん》でやるわ！
ただし時間内《じかんない》にね
5日間《かかん》!!
ごはんはどーすんのォ!?
自給自足《じきゅうじそく》よ！
森《もり》は野生《やせい》の宝庫《ほうこ》
ただし人喰《ひとく》い猛獣《もうじゅう》や毒虫《どくむし》 毒草《どくそう》には気《き》をつけて
ザク！
それに13チーム39人《にん》が合格《ごうかく》なんてまず ありえないから
なんせ行動距離《こうどうきょり》は日《ひ》を追《お》うごとに長《なが》くなり…
回復《かいふく》に充《あ》てる時間《じかん》は逆《ぎゃく》に短《みじか》くなってゆく
おまけに辺《あた》りは 敵《てき》だらけうかつに寝《ね》ることもままならない

つまり巻物争奪《まきものそうだつ》で負傷《ふしょう》する者《もの》だけじゃなく…
コースプログラムの厳《きび》しさに耐《た》えきれず死《し》ぬ者《もの》も必《かなら》ず出《で》る
続《つづ》いて失格条件《しっかくじょうけん》について話《はな》すわよ！
まず1つ目《め》…時間以内《じかんいない》に天地《てんち》の巻物《まきもの》を
塔《とう》まで3人《にん》で持《も》ってこれなかったチーム
2つ目《め》班員《はんいん》を失《うしな》ったチーム又《また》は再起不能者《さいきふのうしゃ》を出《だ》したチーム
ルールとして……
途中《とちゅう》のギブアップは一切無《いっさいな》し
5日間《かかん》は森《もり》の中《なか》！

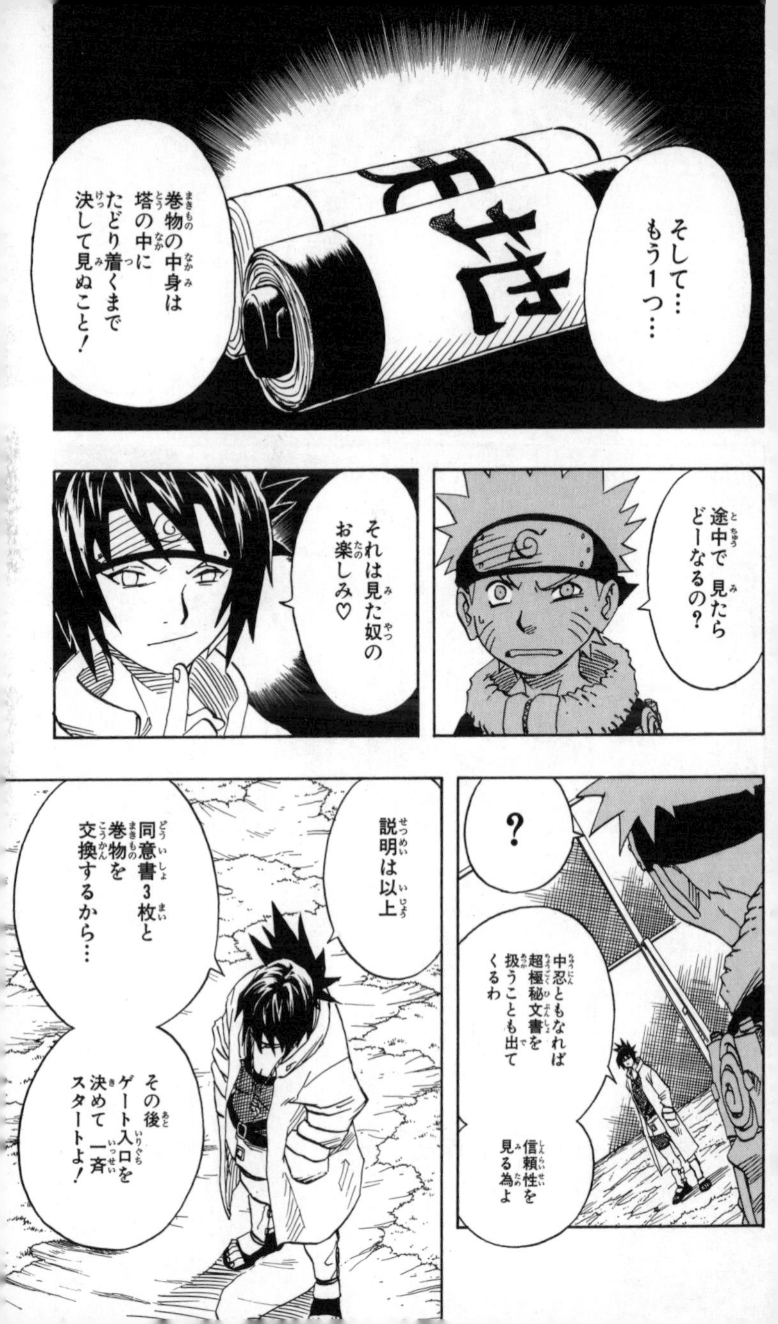
そして…もう1つ…
巻物《まきもの》の中身《なかみ》は塔《とう》の中《なか》にたどり着《つ》くまで決《けっ》して見《み》ぬこと!
途中《とちゅう》で見《み》たらどーなるの?
それは見《み》た奴《やつ》のお楽《たの》しみ♡
?
中忍《ちゅうにん》ともなれば超極秘《ちょうごくひ》文書《ぶんしょ》を扱《あつか》うことも出《で》てくるわ
信頼性《しんらいせい》を見《み》る為《ため》よ
説明《せつめい》は以上《いじょう》
同意書《どういしょ》3枚《まい》と巻物《まきもの》を交換《こうかん》するから…
その後《あと》ゲート入口《いりぐち》を決《き》めて一斉《いっせい》スタートよ!

最後《さいご》にアドバイスを一言《ひとこと》———
死《し》ぬな！
そろそろ巻物《まきもの》と交換《こうかん》の時間《じかん》だ
バサ

ザッ
…なるほど
各《かく》チームが渡《わた》された
巻物《まきもの》の種類《しゅるい》…
そして
3人《にん》の内《うち》 誰《だれ》が
巻物《まきもの》を持《も》っているのかも
分《わ》からない…ってわけか
…イビキ《あいつ》が
言《い》った通《とお》りだ…
この試験《しけん》では
情報《じょうほう》の奪《うば》い合《あ》いが
命《いのち》がけで行《おこな》われる…
………
全員《ぜんいん》が敵《てき》!!
ここにいる
奴等《やつら》の決意《けつい》は固《かた》い
殺《ころ》し合《あ》うことにも
なる…ってわけだ
同意書
フフ…
同意書《どういしょ》の意味《いみ》…
少《すこ》しは理解《わか》ったみたいねェ

ひゃほおお! サバイバルならオレ達《たち》のオハコだ
ヒナタ 甘《あま》えは見《み》せんじゃねーぜ!
………
ゲート16 キバ・ヒナタ・シノ
命《いのち》がけかよ…めんどくせーがやるしかねーな……!
こうなったらナルト狙《ねら》いだ
ブツブツ
ゲート27 シカマル・チョウジ・いの
よーーし! 負《ま》けねェってばよ!!
近《ちか》づく奴《やつ》かたっぱしからブッたおしてやる!!
イラ…
ゲート12 ナルトチーム
シュビ!!
フフ……やっとこの機会《きかい》が来《き》た……
公然《こうぜん》と我々《われわれ》の使命《しめい》が果《は》たせる好機《チャンス》が…
ゲート20 音忍《おとにん》三人《にん》組《ぐみ》
ゲート38 カブトチーム
敵《てき》チームもそうだが…
我愛羅《コイツ》と5日間《かかん》もいるのが怖《こわ》い
ゲート6 我愛羅《ガアラ》・カンクロウ・テマリ

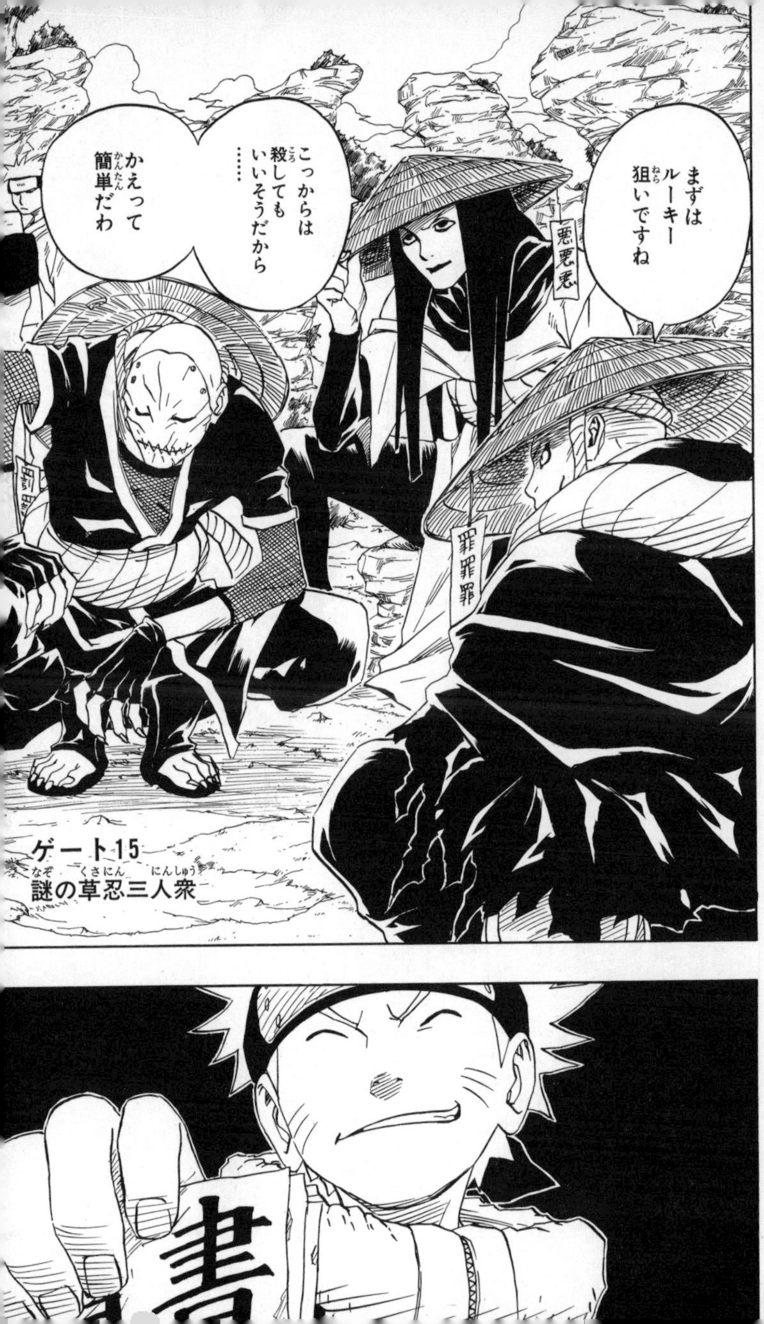

まずはルーキー狙《ねら》いですね
悪悪悪
こっからは殺《ころ》してもいいそうだから……
かえって簡単《かんたん》だわ
罪罪罪
ゲート15
謎《なぞ》の草忍《くさにん》三人衆《にんしゅう》
書

ゲート41
ネジ・リー・テンテン
ガイ先生《せんせい》ボクはガンバリます！
パ
シ
皆《みな》担当《たんとう》の者《もの》についてそれぞれのゲートへ移動《いどう》！
これより30分後《ぷんご》に一斉《いっせい》スタートする!!
12
カチ

カチ
これより 中忍選抜《ちゅうにんせんばつ》
第二《だいに》の試験《しけん》!
開始《かいし》!!
あの三人《にん》ですね!!
ガキどもを探《さが》せ!
よっしゃあ!!
行《い》くぞ!!

■ジャンプ・コミックス

NARUTO -ナルト-

5挑戦者たち!!

2000年12月9日　第1刷発行
2001年11月19日　第4刷発行

著者　岸本斉史

編集　ホーム社
東京都千代田区一ツ橋2丁目5番10号
〒101-8050
電話　東京 03（5211）2651

発行人　山路則隆

発行所　株式会社　集英社
東京都千代田区一ツ橋2丁目5番10号
〒101-8050
03（3230）6233（編集）
電話　東京 03（3230）6191（販売）
03（3230）6076（制作）
Printed in Japan

印刷所　共同印刷株式会社

ISBN4-08-873050-X C9979